AF390690

LE
RÔDEUR FRANÇAIS,

OU

LES MŒURS DU JOUR.

IV.

OUVRAGES DE M. B. DE ROUGEMONT.

Qui se trouvent au fonds du même libraire.

Les Missionnaires, ou La Famille Duplessis, 2 vol. in 12, a
deux jolies gravures, 1820, prix : 5 fr.

Tous les journaux se sont accordés pour faire le p[lus]
grand éloge de cet ouvrage, qui a été traduit en ang[lais]
et en allemand.

Raphaël d'Aguillar, ou les Moines Portugais, histoire v[é]
table du dix-huitième siècle; *publiée* par M. B. de Ro[u]
gemont, 2 vol. in-12, 1820, prix : 5 fr.

Cet ouvrage fait suite aux Missionnaires.

Chansons et Poésies, par le même, 1 vol. in-18, orné d'u[ne]
jolie gravure et vignette, prix : 2 fr.
Le même, papier vélin, 4 fr.

Ida, roman traduit de l'allemand de la baronne de Lam[o]
the-Fouqué, arrangé et publié par le même, 3 vol. i[n-]
12, prix : 7 fr. 50 c.

AUTRES LIVRES DE FONDS.

Poésies de madame Desbordes-Valmore, 3e. édition, au[g]
mentée de beaucoup de morceaux inédits, 1 vol. in-1[8]
grand raisin, orné de quatre jolies gravures et vignette[s]
prix : 4 fr.

Les mêmes, papier vélin grand raisin, figures avant [la]
la lettre, 8 fr.

L'Aimable Enfant, ou Conversations d'Édouard, par ma[-]
dame Élisabeth de Bon, 2 vol. in-12, ornés de hui[t]
jolies gravures, 1820, prix 6 fr.

Les Soupers de Momus, pour l'année 1822, 9e. de la col[-]
lection, 1 vol. in-18, avec une gravure et une vignette[,]
prix : 2 fr.

Dictionnaire de la Folie et de la Raison, par M. Collin d[e]
Plancy, 2 vol. in-12, 1820, prix : 4 fr.

Le Droit du Seigneur, ou la Fondation de Nice dans l[e]
Haut-Montferrat, etc., par M. Collin de Plancy, 1 vol. in[-]
in-12, 1820, prix : 2 fr.

Imprimerie de Fain , place de l'Odéon.

LE RÔDEUR FRANÇAIS,

OU

LES MŒURS DU JOUR,

ORNÉ DE DEUX GRAVURES.

PAR B. DE ROUGEMONT.

> Je me suis proposé, en considérant les
> mœurs, de démêler dans la conduite
> des hommes quels en sont les principes.
> (DUCLOS.)

TOME QUATRIÈME.

DEUXIÈME ÉDITION.

———

PARIS,

TH. GRANDIN, LIBRAIRE, PALAIS-ROYAL,

GALERIE DE BOIS, N°. 235.

1822.

PRÉFACE.

Les divers changemens que la France a subis depuis trente ans ont donné à nos mœurs, à nos usages, une physionomie toute particulière. Les uns et les autres ont presque toujours été imprégnés de la politique du moment; mais comme cette politique a éprouvé des variations sans nombre, la direction que tour à tour elle imprime à tout ce qui nous entoure, s'affaiblit et s'efface insensiblement. La rapidité avec laquelle les événemens se succèdent ne permet pas de conserver long-temps le souvenir de l'influence qu'ils ont exercée sur nos mœurs.

Depuis quelques années, je me suis attaché à peindre les résultats de cette influence. L'accueil favorable que le public a fait aux trois premiers volumes de cet ouvrage (1), m'a engagé à publier celui-ci, composé, comme les autres, d'observations détachées, qui toutes reposent sur des faits particuliers, sur des anecdotes récentes : matériaux que l'historien dédaigne, mais dont l'observateur philosophe s'empare, afin de montrer que, toujours et partout le même, l'homme confond ses passions avec ses principes, et place ses devoirs dans ses intérêts.

---

(1) *Le Rôdeur*, etc. , 3 vol. , cinquième édition , prix : 10 fr. 50 c.

TABLE DES MATIÈRES

DU QUATRIÈME VOLUME.

FIN DE LA TABLE DU QUATRIÈME VOLUME.

LE RÔDEUR FRANÇAIS,

OU

LES MOEURS DU JOUR.

N°. 1ᵉʳ. — 10 *Août* 1819.

L'ESPRIT DE PARTI.

On se hait à la mort, et sans savoir pourquoi.
O rage des partis, noir esprit des cabales !
Ton absurde fureur est aux vertus morales,
Ce qu'est le fanatisme à la religion.

(CHABANON.)

L'esprit de parti abaisse les plus grands hommes jusqu'aux petitesses du peuple.

(LABRUYÈRE.)

Paris ne ressemble à aucune autre ville de France, et ce n'est pas seulement par l'étendue, les monumens et la population qu'il en diffère. Les Parisiens ont des mœurs, des habitudes, des plaisirs qu'on ne retrouve point ailleurs. La manière dont ils dépensent leur journée n'a point d'analogie avec la façon dont on emploie ou perd son temps en province : les sentimens mêmes y éprouvent de singulières modifications ; l'amour y est plus léger, l'amitié moins exigeante, la haine moins active, et les liens de famille plus relâchés que dans la plupart de nos villes de département. Cependant il y a des exceptions, et celles qui prennent leur source dans l'esprit de parti ont un caractère de violence et un excès de fanatisme ridicule qui sont les mêmes partout.

Depuis quatre ou cinq ans, tout le monde veut avoir une opinion. De bonnes gens en prennent une toute faite dans les brochures, dans les journaux dont ils adoptent la couleur ; et du moment qu'ils se sont mis en tête qu'ils ont une façon de penser à eux, ils deviennent les plus opiniâtres à la soutenir.

Tout le temps qu'a duré l'empire, MM. la Jarie ont vécu dans la meilleure intelligence ; ils se mêlaient fort peu de politique et beaucoup de leur commerce : la maison prospérait à merveille ; les bénéfices étaient immenses ;

le plaisir et la joie habitaient avec eux. Neveux d'un riche commerçant, ils avaient continué la profession de leur oncle, et s'étaient mariés à peu près à la même époque. L'aîné, Charles la Jarie, avait un fils âgé de vingt-deux ans, lieutenant dans les lanciers de la garde : Gabriel la Jarie était père d'une fille charmante, qui achevait son éducation dans une pension dont personne ne parlait. Les deux jeunes gens s'aimaient dès leur plus tendre enfance ; et les parens, enchantés de trouver dans ce sentiment une nouvelle occasion de resserrer les liens de famille qui déjà les unissaient, protégeaient de tout leur pouvoir cet innocent amour.

L'Europe entière, armée contre la France, renversa Napoléon, et replaça les Bourbons sur le trône de leurs aïeux. Cette grande catastrophe froissa des intérêts nombreux ; elle réveilla d'anciennes ambitions, et en fit naître de nouvelles. Les deux frères, éloignés des honneurs, ne virent d'abord dans cet événement mémorable que l'assurance d'une paix universelle, et l'espoir de donner à leur commerce mourant une nouvelle activité. Ils avaient peu vécu sous le règne de Louis XVI, et ne connaissaient, pour ainsi dire, que de nom les princes que le sort rendait à la France.

La garde fut licenciée, et notre jeune lieutenant de lanciers revint à la maison paternelle. Son retour, en toute autre circonstance, eût été célébré comme une fête ; mais M. la Jarie aîné fut, en quelque sorte, contrarié du renvoi de son fils, auquel il avait fait donner une éducation qui devait le conduire aux premières dignités de l'armée. Le jeune homme, arrêté au commencement de sa carrière, apporta au sein de sa famille une humeur irascible, une tendance continuelle à censurer les actes du nouveau gouvernement. Son oncle Gabriel chercha tous les moyens possibles d'adoucir ses regrets ; il y parvint en rapprochant l'époque du mariage de l'ex-lieutenant avec la jeune pensionnaire.

Aglaé, c'est ainsi qu'on nommait mademoiselle la Jarie, atteignait ses dix-huit ans ; elle était blonde ; sa taille souple, élancée était pleine de grâces ; son maintien décent, son sourire angélique annonçaient une âme candide, et promettaient un caractère aimable et gai : on pouvait, sans doute, être plus jolie, plus belle ; mais il était difficile d'avoir une physionomie plus expressive, de réunir des traits dont l'ensemble fût plus doux, plus séduisant.

Son cousin Gustave avait le regard noble et fier, son œil noir décelait une âme de feu : il était vif, spirituel, plein d'honneur et de franchise. Un coup de sabre qu'il avait reçu à la joue droite, donnait à sa figure je ne sais quoi de martial, qui inspirait le respect et n'effarouchait point l'amour. Les deux jeunes gens s'adoraient, et ce fut avec un plaisir inexprimable qu'ils reçurent la nouvelle de leur prochain mariage.

M. la Jarie aîné partageait, presque à son insu, les sentimens exaspérés de son fils. Il s'était tellement accoutumé à l'idée de le voir un jour maréchal de camp, titré, décoré de plusieurs ordres, qu'il fut humilié de le revoir simple lieutenant, sans ruban, et portant toujours le même nom de famille.

Les préparatifs du mariage étaient presque achevés, lorsqu'on apprit le débarquement de Bonaparte. Notre lieutenant, qui n'avait reçu son congé qu'à regret, se hâta de se rendre sous de nouveaux drapeaux ; et pendant les cent jours il montra une exaltation de dévouement qui lui valut la croix de la légion, le grade de chef d'escadron, et l'espérance d'une dotation. Tout cet échafaudage de grandeurs s'écroula dans les champs de Waterloo.

Gabriel avait vu avec peine son neveu prendre le parti des armes ; mais le père et le fils professaient à cette époque, une opinion entièrement favorable à Napoléon ; et leur conduite à cet égard avait été suscitée par quelques désagrémens que M. la Jarie avait éprouvés depuis l'arrivée du roi. Une fourniture qu'il obtint par l'entremise de son fils, contribua singulièrement à augmenter l'ardeur de son patriotisme.

Le désastre de Waterloo trompa les calculs de M. la Jarie. Gustave revint blessé. Ce malheur le rendit plus cher encore à sa jolie cousine, qui en dépit de toutes les opinions, de toutes les circonstances, n'avait cessé de lui être fidèle. Son esprit n'avait qu'une seule pensée, son cœur n'avait qu'un seul désir ; elle s'inquiétait peu que Gustave fût *ultra* ou *libéral*, pouvu qu'il l'aimât toujours : Aglaé lui aurait tout pardonné, excepté une infidélité.

Le roi rentra dans la capitale, et la Jarie

aîné crut ne pouvoir faire oublier ses opinions exagérées, qu'en en professant de plus violentes dans un *sens opposé*. Son zèle ne connaissait point de bornes, son royalisme trouvait à se montrer à chaque instant ; il avait banni de son dictionnaire toutes les expressions auxquelles les différens gouvernemens français avaient donné quelque valeur ; et telle était à ce point la règle qu'il s'était tracée, que ses mémoires ne présentaient plus de francs ni de centimes, mais des livres, des sous et des deniers ; il ne nommait plus Napoléon que *Buonaparté* ; à sa boutonnière flottait un grand ruban blanc ; les portraits de toute la famille royale ornaient ostensiblement l'alcôve de sa chambre à coucher ; le buste de sa majesté décorait son magasin, son salon, sa salle à manger, son cabinet de travail : on pouvait cependant reprocher au nouveau converti un excès de sévérité qui n'allait à rien moins qu'à faire pendre tous ceux qui n'avaient pas tourné aussi vite que lui. De ce nombre était son frère Gabriel.

Ce dernier avait regardé d'abord en pitié les variations de son frère ; il l'avait plaisanté sur sa facilité à changer de parti. Dans le commencement, la Jarie répondit en riant aux sarcasmes de Gabriel ; un peu plus tard il se fàcha : cependant, grâces à la prudence du plus jeune, MM. la Jarie n'avaient point encore donné le scandale d'une rupture ouverte, fondée sur la différence des opinions.

Les discussions qui se renouvelaient presque tous les jours, détruisaient peu à peu l'ancienne harmonie qui, jusqu'alors avait régné dans la famille. Le nom de frère arrivait rarement et à regret sur les lèvres de la Jarie aîné, qui semblait maintenant puiser dans son àge, et surtout dans l'excellence de ses principes, une supériorité dont il n'avait jamais essayé de faire usage.

Gustave avait quitté le service. Ayant perdu tous les avantages qu'on lui avait faits dans les cent jours, il voulait vivre tranquille, heureux ; et, pour y parvenir, il pressait son mariage avec sa jolie cousine, qui, de son côté, témoin journalier des querelles de ses parens, se promettait bien de ne pas laisser entrer la politique dans son ménage.

Les deux pères avaient, d'un commun accord, consenti à mettre les jeunes gens à la tête de la maison de commerce. Ils devaient les surveiller pendant six mois, au bout desquels on les aurait laissés maîtres absolus du magasin. Tout était convenu, la dot arrêtée, et le jour pris pour dresser et signer le contrat. Les amans étaient au comble de la joie, et MM. la Jarie jouissaient intérieurement du bonheur qu'ils préparaient à leurs enfans.

On voulut donner quelque éclat au mariage. L'aîné des la Jarie crut devoir inviter des comtes, des barons, qui, depuis sa conversion ultra-monarchique, composaient ordinairement sa société. Gabriel, de son côté, fit part du mariage de sa fille à d'anciens amis, dont l'opinion n'était pas tout-à-fait conforme à celle de son frère. Il alla lui remettre la liste de ses invités particuliers, afin de s'entendre avec lui sur la manière dont on recevrait tout le monde. Cette démarche honnête, qui, dans d'autres temps, aurait enchanté Charles, lui parut une offense. — Y pensez-vous, dit-il à Gabriel? Quoi ! vous invitez des gens dont l'opinion me blesse ! — Frère, répondit celui-ci, j'ai invité des gens qui furent autrefois tes amis, et qui n'ont pas cessé d'être les miens ; des hommes sur la conduite desquels il n'y a pas le plus petit mot à dire ; qui sont bons époux, bons pères, remplis d'honneur et de probité, aimant la France !..... — Ah ! oui, parlons - en ; ils aiment la France, et l'ont-il quittée un seul instant. — Pour quoi faire ? — Pour la défendre ! — Tu veux dire pour l'attaquer ! — L'attaquer en ce sens, c'était la défendre. — Ni toi, ni moi ne l'avons abandonnée, et nous n'en sommes pas moins de bons Français. — Est-ce aussi un bon Français, que votre M. Dupont que je vois sur votre liste ; un homme qui ne rougit pas d'avoir des biens nationaux pour plus de cent mille francs. — Mais, frère, dans le temps, tu avais acheté le château..... — Je l'ai vendu. — En gagnant dessus une somme..... — Il suffit ; je l'ai vendu. — Qui t'a dit que Dupont ne vendrait pas sa propriété, s'il trouvait aussi à gagner ?..... — C'est rendre qu'il faut, et non pas vendre. — Dans ce cas, pourquoi ne fais-tu pas une belle et bonne restitution de l'argent que tu as retiré du château ? — Tu n'entends rien à cela : qu'il te suffise de savoir que je ne recevrai pas Dupont chez moi. » Et la Jarie prit une plume et raya le nom du convive.

Cette action donna un peu d'humeur à Ga-

briel : cependant il se contint, imaginant que
son frère se contenterait de ce premier sacrifice. — J'espère, lui dit-il, que tu n'auras aucun reproche à faire à ce pauvre Géraud, l'un
de nos plus vieux amis! — Géraud! un homme
sans principes, sans religion, qu'on ne voit jamais à l'église! — L'accusation est singulière ;
mais tu n'y vas pas toi-même. — Eh! mon
Dieu! Gabriel, il ne s'agit pas de moi : on sait
ce que je pense ; on connaît mes principes ; on
connaît aussi ceux de Géraud, et voilà pourquoi je n'en veux pas. — Il nous a rendu de
grands services! — Raison de plus : on croirait
que c'est par faiblesse. — Dis donc par reconnaissance. — Il n'est pas question de reconnaissance dans tout cela. Géraud est un homme
dont l'opinion dangereuse est connue, et que
je ne recevrai point! — Serait-il possible! Tu
ferais cet affront à un honnête homme? — Honnête homme tant que tu voudras ; il pense mal.
— Mais, la Jarie, que nous importe l'opinion?
— Vous voilà, vous autres, avec votre indulgence!... — Le roi n'a-t-il pas dit *union* et *oubli ?* — Oui, *union* entre ceux qui pensent bien,
et *oubli* pour les autres ; voilà comme j'entends

cela, et comme on doit l'entendre. — N'as-tu pas toi-même partagé les erreurs de ceux que tu blâmes aujourd'hui; et dans ces derniers temps ?..... — Encore une fois, il ne s'agit pas de ce que j'ai été, mais de ce que je suis : or tu sais que je suis royaliste ardent, que je déteste tout ce qui peut rappeler vos idées de liberté, de révolution ! — Ainsi, je ne serai pas libre d'inviter mes amis à la noce de ma fille. — Fais comme moi; choisis-les parmi les gens qui pensent bien. — Eh ! quels sont donc ces êtres privilégiés ?..... — Le baron de Misville ! — Eh ! quoi ! ce malheureux qui a été à la solde de tous les gouvernemens, qui a été membre d'un comité révolutionnaire en l'an 3, que j'ai connu l'un des plus fougueux apôtres du sans-culotisme, et que nous avons vu l'un des plats valets de Bonaparte ! — Voilà comme vous êtes, vous autres ; vous n'oubliez rien, vous ne pardonnez rien..... Quand cet homme-là aurait commis quelques erreurs. — Des erreurs !... Mais c'est lui qui a signé l'arrêt de mort de ce pauvre Duval, qui avait crié *vive le roi* en l'an 4.....—Ah ! cela, c'est un malheur ! — C'est lui qui a présidé la commission militaire qui a fait fusiller le chevalier d'Olbé, qui avait été pris dans la Vendée. — C'est possible; il n'en est pas moins vrai que c'est un excellent royaliste, qu'il est reçu dans les meilleures sociétés, et que ses principes sont d'une sévérité..... S'il était le maître, il mettrait vos libéraux à la raison! — Je le crois : il y a long-temps que la vie des hommes ne lui coûte rien. — J'aurai le marquis de Boilinot. — Le marquis!..... Allons donc, vous voulez rire : songez donc que cet homme s'est déshonoré dix fois. — C'est une calomnie ; il est chevalier de Saint-Louis. — il doit à tout le monde. — Il est plein de probité politique. — Il s'est séparé de sa femme! — Il l'avait épousée par amourette : d'ailleurs elle était philosophe! — Mais il vit publiquement avec une certaine comtesse d'Aberval! — C'est une femme qui a les opinions les plus élevées. — Il a abandonné son fils! — Un petit misérable qui allait voir sa mère en cachette, et qui se mêle d'écrire sur les circonstances. — Enfin, votre marquis de Boilinot a eu deux ou trois mauvaises affaires. — Que m'importe; il pense à merveille, et je lui dois une partie de mes bons sentimens. Trouverez-vous aussi quelque chose à redire au vieux comte de Sivry ? — Non ; c'est un vieillard respectable qui n'a cessé de professer un attachement véritable pour les princes de la maison de Bourbon ; je l'estime pour sa conduite honorable dans tous les temps : il n'a jamais cessé de chérir et de pratiquer la vertu ; il est plein d'indulgence pour ceux qui ont pris une route différente, et personne ne témoigne autant d'admiration pour notre gloire militaire, de respect pour la monarchie, d'amour pour la France, que le comte de Sivry ! Si vous n'aviez jamais reçu que de tels hommes !..... — A mon avis, le marquis et le baron ont un dévouement plus exalté, plus entier ! — Cela se peut ; mais je ne me trouverai pas avec le baron et le marquis. — Comment l'entendez-vous ? — Je les raye à mon tour. — Plaît-il ? — J'épure aussi... — Vous épurez !..... — Vous avez biffé mon pauvre Dupont, mon vieux Géraud ; je bâtonne votre marquis. — Gabriel ! — Mon frère ! — Je vous déclare que je ne souffrirai point qu'on me dicte des conditions. — Que répondriez-vous si je vous en disais autant ? — Que vous êtes le maître de faire ce que bon vous semblera, mais que je prétends recevoir mes amis à la noce de mon fils..... — Et ne pas y voir les miens ? — Certainement ! — Cela ne sera pas. — Cela sera. — Jamais. — Je n'admettrai point chez moi des personnages dont l'opinion..... — Est moins coupable que ne l'était la vôtre il y a six mois ! — Qui se dit libéral est un monstre à mes yeux ! — Qui se vante d'être ultra, est un imbécile ! — Gabriel ! — Charles ! — Si les choses n'étaient pas si avancées..... — Eh bien ? — Il n'y aurait rien de fait. — Il est toujours temps de rompre. — Vous avez raison....; et soudain l'aîné, chez lequel se passait la scène, ouvre le tiroir de son bureau, en retire le projet et la copie du contrat de mariage, et les déchire avant même que son frère ait pu soupçonner son intention.

Muet de surprise et de colère, Gabriel se lève pour sortir. La porte s'ouvre ; les jeunes gens arrivent en chantant ; mais ils s'arrêtent immobiles à l'aspect de leurs parens, dont la contenance embarrassée, la figure triste et silencieuse, annonçaient une catastrophe imprévue. Gustave a, le premier, aperçu les débris du contrat ; il s'empresse de ramasser quelques morceaux de papier; il les montre à Aglaé ; tous deux ont compris l'excès de leur malheur : ils se jettent, en pleurant, aux genoux de leurs pères ; mais ils sont inflexibles. La Jarie impose silence à Gustave, et Gabriel ne répond à sa fille qu'en lui ordonnant de le suivre.

Dès le lendemain, un homme de loi fut appelé pour présider à la rupture de l'association commerciale. Gabriel, qui, dès la veille, était allé s'établir dans une maison étrangère, ne voulut point reparaître chez son frère ; il fit démeubler l'appartement qu'il y avait occupé pendant trente-six ans, et Dieu sait combien il y eut de débats, de querelles, pour justifier de la propriété particulière d'objets que, depuis leur naissance, ils s'étaient accoutumés à regarder comme faisant partie d'une éternelle communauté.

Gustave ne cessait de tourmenter son père, sans en pouvoir rien obtenir. La Jarie se glorifiait du courage qu'il avait montré dans cette circonstance, et se plaisait à répéter que son opinion ne lui permettait pas d'avoir des ménagemens pour qui que ce fût. Gabriel gémissait de la dureté de son frère, et de la douleur de sa fille; cependant il était bien résolu à ne faire aucune démarche pour arriver à une réconciliation. Des amis communs avaient inutilement tenté de rapprocher les deux frères : la haine qu'ils se portaient mutuellement s'accroissait des efforts que l'on faisait pour la dissiper. Au moindre bruit d'une conspiration soi-disant libérale, la Jarie se plaisait à répandre des soupçons sur son frère; et la réflexion, qui cependant venait rarement à son secours, l'avait seule empêché de faire parvenir à l'autorité de petites notes secrètes sur les dangers de l'opinion exagérée de Gabriel. Celui-ci n'était point en reste avec lui, et quand l'occasion se présentait, il ne se refusait pas le plaisir de dénigrer Charles.

Victimes de l'esprit de parti qui tournait la tête de leurs parens, Aglaé et Gustave avaient cessé de se voir, mais non de s'aimer. La contrainte donnait un charme de plus aux sentimens qu'ils éprouvaient; leur fidélité se consolidait par les obstacles, et tous deux s'étaient promis de ne pas survivre à leur malheur, s'il devenait irréparable. Aglaé, en proie à son chagrin, tomba malade. Son oncle l'apprit, et défendit à son fils de chercher à voir sa cousine : il fit plus ; il le menaça de sa malédiction s'il enfreignait sa défense. Gustave écrivit à Gabriel ; mais le père d'Aglaé, qui reconnut l'écriture de son neveu, renvoya la lettre sans l'ouvrir.

Les circonstances donnaient une nouvelle force à cet esprit de parti, qui divisait à jamais les deux frères. Les opinions exaltées faisaient de nombreux prosélytes. Tous les jours la haine s'alimentait de faux bruits ; les hommes qui faisaient partie de la société habituelle de la Jarie, lui peignaient son frère comme un forcené qui ne rêvait que le renversement de la monarchie. A leur tour, les amis de Gabriel couvraient de ridicule la Jarie. On l'appelait par dérision l'*ultra-fou.* C'est bien dommage, disait-on à l'aîné, que votre frère ait pris rang parmi les libéraux, car c'est un honnête homme. —Je n'en jurerais plus, répondait Charles : celui qui trouve de bonnes choses dans la révolution est capable de tout. — Il est fâcheux, disait-on à Gabriel, que votre frère se soit jeté à corps perdu dans les ultra ; c'était un homme plein d'honneur. — De l'honneur ! lui !..... répondait à son tour le jeune la Jarie, en levant les épaules ; il a plus d'orgueil que de probité !... Et c'est ainsi que chacun des deux calomniait à plaisir le frère pour lequel il aurait autrefois donné sa vie, l'ami, le compagnon de son enfance, de sa jeunesse, celui dont l'existence avait été inséparable de la sienne.

Une parente éloignée, touchée du désespoir de Gustave, mit tout en œuvre pour fléchir son père, et n'y put réussir ; elle alla jusqu'à lui faire craindre que son fils ne pût résister à son amour, et ne succombât à la violence de son chagrin. M. la Jarie repoussait avec dédain le soupçon d'une pareille faiblesse. Soutenu par sa haine, il ne pouvait croire que l'amour eût tant de puissance, et s'indignait contre Gustave, qui ne partageait point son ressentiment.

L'ancien médecin de la famille la Jarie, qui venait d'obtenir le cordon de Saint-Michel, refusa de continuer de donner ses soins à la jeune Aglaé, dont la maladie prenait un caractère alarmant, attendu que son père professait des opinions dangereuses. A son exemple, l'homme de loi qui , depuis vingt ans , s'occupait des affaires des deux frères, fit prévenir M. la Jarie qu'il cesserait de prendre connaissance des siennes , parce que les propos inconsidérés qu'il avait tenus sur le compte d'un de ses fils , avaient été la cause indirecte de sa destitution.

Le médecin qu'on appela ne connaissant rien à la maladie de la jeune fille, ne put que lui donner des remèdes insignifians ; l'homme de loi qui obtint la confiance de notre ultra , était lui-même un ultra fripon , qui mit le feu dans les affaires de son client. Il en résulta qu'au bout de quelques mois on désespérait de la jeune Aglaé, et que les créanciers de la Jarie redoutaient une prochaine banqueroute. Le deuil et l'affliction étaient dans les deux maisons ; et chacun des deux frères accusait son adversaire des malheurs qui s'apprêtaient à fondre sur lui.

Bientôt il fut impossible de s'abuser sur la situation d'Aglaé : chaque jour elle dépérissait à vue d'œil. Son père , effrayé des dangers de sa fille unique, chercha à se rapprocher de son frère ; et lui fit parler par un de ses amis ;

mais sa démarche ne fit qu'ajouter à l'orgueil de la Jarie.

Gustave, instruit de l'état alarmant de sa cousine, brava les défenses de son père et la haine de son oncle ; il courut à ses pieds lui renouveler le serment de l'adorer toujours. Gabriel crut qu'un mariage secret rendrait la santé, le bonheur à sa fille ; il se prêta volontiers à la proposition qui lui en fut faite par son neveu : mais il était trop tard. Aglaé ne voulut point affliger son père ; elle consentit à donner sa main à Gustave, persuadée qu'une cérémonie plus triste suivrait de près la célébration du mariage.

On ne saurait se peindre la fureur de M. la Jarie, lorsque son fils lui apprit qu'il était marié à sa cousine : non-seulement il menaça de le déshériter, mais encore il obtint de l'autorité, qu'il surprit par de faux rapports, qu'on arrêterait Gustave, et qu'on le tiendrait renfermé jusqu'à ce qu'il eût consenti à rompre son mariage.

Aglaé ne tarda pas à savoir la conduite de son oncle. Elle s'imputait le malheur de son cousin, et ne put survivre à l'idée d'en être oubliée, ou de causer sa perte : elle mourut dans les bras de son père, priant le ciel de mettre un terme aux dissensions de sa famille.

Dès que M. la Jarie fut instruit de la mort de sa nièce, il sollicita la mise en liberté de son fils. Gustave tomba sans connaissance, à la nouvelle de la mort de sa femme. Sa jeunesse triompha de son affliction; mais sa convalescence fut longue, et il conserva toujours un reste de mélancolie qui l'éloignait de tous les plaisirs de son âge.

La fortune de M. la Jarie avait reçu d'horribles secousses; il fut contraint d'assembler ses créanciers. Gabriel était de ce nombre; il ne voulut entendre à aucune espèce d'arrangement; il força son frère de déposer son bilan et de vendre tout ce qu'il possédait pour se liquider. On eut beau vouloir persuader à M. la Jarie que les gens qui pensent bien peuvent faire banqueroute, sans rien perdre dans l'opinion politique des hommes honnêtes, cette faillite lui causa un déplaisir mortel; elle mit sa vie en danger. Dès qu'il en fut informé, Gabriel se transporta chez lui. A la vue de ce frère expirant, il sentit renaître toute sa tendresse;

ses torts disparurent ; il ne se souvint que de son ancienne amitié ; des larmes inondèrent son visage ; il pressa dans ses bras ce malheureux frère, dont l'esprit de parti avait desséché le cœur ; il implora son pardon, et le pardon vint mourir sur les lèvres de la Jarie, qui pressa de sa main défaillante la main tremblante de son frère, et rendit le dernier soupir.

Un convoi modeste fut commandé par le frère et le fils du défunt : ils formaient presqu'à eux seuls le cortége funèbre. En arrivant au cimetière, Gustave et son oncle aperçurent la tombe d'Aglaé ; c'était à ses côtés que l'on devait placer le vieillard : ce fut sur sa tombe, qu'en déplorant les funestes effets de l'esprit de parti, Gabriel et son neveu abjurèrent toute espèce de ressentiment contre celui qui avait causé leur malheur. Tous deux s'agenouillèrent et prièrent en silence pour les deux victimes que le sort avait ravies à leur amour. Depuis ce temps, Gustave et son oncle ont évité avec soin toutes les discussions qui pourraient leur rappeler de fâcheux souvenirs, et retracer à leur mémoire les funestes conséquences des opinions exagérées.

N°. II. — 24 *Août* 1819.

UNE ROSIÈRE.

Vivis Rosa grata et grata sepulchris.
(P.)

LE courage, l'esprit et le savoir obtiennent des récompenses parmi les hommes : on leur accorde des distinctions flatteuses qui excitent en eux une noble émulation, et leur font supporter les privations ou braver les obstacles, dans l'espoir des honneurs qui les attendent. Les faveurs du prince, les lauriers académiques sont le prix du mérite et du talent ; une longue renommée vient ajouter à la gloire de ceux qui se sont rendus dignes de ces honorables exceptions ; et leurs noms, consacrés par des travaux illustres, deviennent le patrimoine de l'histoire.

La vie des hommes se compose de faits publics, l'existence des femmes d'actions ignorées. Les premiers se distinguent par l'éclat, les autres par la modestie : ce n'est que pour les femmes qu'on a créé un prix de vertu.

Salency vit éclore cette heureuse idée d'attacher une récompense à la sagesse. Ce hameau fortuné conserva long-temps ce modeste avantage. L'impartialité des juges en fut sans doute une des causes principales. La simplicité des mœurs des habitans dut contribuer aussi au maintien de cette salutaire institution. On n'intriguait pas au village, où les moindres démarches ne pouvaient rester long-temps secrètes, et où le rang, la naissance, la fortune, ne servaient point à protéger de leur crédit les actions honteuses, ou à couvrir de leur puissance les prétentions les moins fondées.

L'opinion donne une grande valeur aux plus petites choses; un mot du souverain est pour un sujet d'un prix inestimable; un objet insignifiant devient le signe représentatif des actions les plus glorieuses. A la cour on payait le courage avec un ruban; au village, on récompensa la vertu avec une rose.

4.

Un certain abbé Héliot, secrétaire de la feuille des bénéfices, conçut, il y a près de cinquante ans, l'idée de rajeunir la cérémonie de Salency; il voulut que Surène eût aussi sa rosière. Se pliant à l'esprit du siècle, dont la manie était de tout estimer au poids de l'or, il crut qu'une fleur ne suffisait plus pour payer dix-huit ans de sagesse. Celle qui recevait la rose ajoutait à sa couronne virginale une petite bourse de soie qui renfermait le prix de sa vertu. Le couronnement se faisait avec beaucoup de pompe : c'était un spectacle qui attirait pour l'ordinaire un grand nombre de personnes de marques, dont la présence n'était pas sans quelque avantage pour le jeune objet de cette touchante cérémonie. La révolution arriva; elle n'avait pas pour but de mettre les rosières en crédit. Cet usage d'encourager les jeunes filles à la pratique des vertus, par l'espoir d'une récompense dont l'opinion doublait le prix, fut regardé comme un abus dangereux. L'existence d'une rosière tournait, disait-on, au détriment de la société, qui ne voulait pas souffrir de distinction, et faisait la guerre à mort aux priviléges. On n'eut donc aucun égard à la fondation de l'abbé Héliot, et la couronne de la rosière eut le même sort que la couronne de France.

Lorsque la fièvre du désordre eut cessé d'agiter les esprits, on songea à refaire un trône, et l'on fonda un empire. Surène, encouragé par l'exemple, réclamait ses anciens droits ; il voyait avec douleur la race des rosières diminuer et s'éteindre de jour en jour : peut-être eût-il eu à les regretter éternellement, si un événement malheureux ne fût devenu pour ce village la source d'une nouvelle fondation !

Une jeune dame, douée de la beauté qui attire, des talens qui captivent, de la vertu qui attache, vivait à Surène, adorée de son époux, et bénie des pauvres, dont sa bonté soulageait la misère. Un jeune enfant, le seul fruit de son hymen, était l'objet de ses plus tendres soins et de ses plus chères espérances. Aucun orage n'avait encore troublé sa vie. Cette jeune plante croissait tranquillement à l'ombre de sa famille, dont son existence avait doublé le bonheur..... Le bonheur ! qui de nous peut compter sur sa durée ?

Dans l'espace d'un mois, une maladie cruelle attaque la jeune fille, et l'enlève à sa mère. Madame Des....., inconsolable, ne peut supporter l'idée de sa perte ; elle cherche à se faire illusion, à douter de l'étendue de son malheur. Deux jours se sont écoulés depuis que la vie a cessé d'animer les dépouilles mortelles de la jeune Eulalie, et cette tendre mère ne peut se résoudre à quitter les restes de sa fille adorée : elle pleure, elle prie, elle espère un miracle.

On l'arrache enfin à ce spectacle de douleur. Pendant plusieurs mois on craignit pour sa vie. Sa jeunesse et les larmes de son époux triomphèrent de son désespoir. Dès qu'elle fut en état de sortir ; madame Des... se fit conduire au mont Valérien, où sa fille avait été enterrée. Une pierre modeste couvrait son tombeau ; quelques fleurs l'entouraient : ce n'était point assez pour cette malheureuse mère, qui voulait que le témoignage de ses regrets fût éternel comme sa douleur. Tandis que madame Des.... se consultait sur les emblèmes qui devaient décorer la tombe de sa fille, le curé de Surène se présenta chez elle ; il venait implorer sa bienfaisance et lui porter le tribut de ses consolations.

L'entretien fut triste. Madame Des.... parla

de ses projets, que le curé combattit avec réserve ; il n'approuvait pas cette vanité qui s'attache à la mémoire des morts. Le marbre ne
parle qu'aux yeux, le cœur reste muet devant
ces ornemens mondains, qui prouvent encore
plus la fortune que la douleur. On chercha les
moyens d'honorer la mémoire de cette enfant,
qui n'avait fait que se montrer à la terre ; de
consacrer le souvenir de sa fragile existence
par un monument durable, et le rétablissement
de la rosière de Surêne fut décidé.

J'avais été prévenu que le couronnement de
cette année devait avoir lieu le 23 août. Je me
me mis en route dimanche dernier. Le temps
était superbe ; on eût dit que le ciel était de
moitié dans la fête. Je rencontrai sur la place
Louis XV une de ces petites voitures à quatre
places, où le cocher trouve le secret de faire
entrer six personnes, en leur persuadant qu'elles
y seront fort à l'aise. Un vieillard, qui occupait le fond de la voiture, paraissait décidé
à partir seul, lorsque je parus : il m'invita
du geste à prendre place à côté de lui ; et
moyennant un arrangement avec le cocher,
nous partîmes sur-le-champ. En approchant de

Surêne, j'aperçus, à ma droite, une procession de jeunes filles qui se dirigeaient vers le Calvaire. Mon compagnon de voyage, riche propriétaire de Surêne, qui pendant la route avait eu la bonté de me donner quelques-uns des détails que je viens de transcrire, m'apprit que cette procession était une des obligations imposées aux jeunes aspirantes.

Les électeurs dont je fais partie, me dit-il en enflant un peu son organe, se réunissent d'abord pour choisir entre les filles du village trois jeunes *rosettes :* c'est le nom qu'on donne à celles parmi lesquelles on prend la rosière. Catherine-Jean Dieu, Caroline Philippe, et Anne Sageret nous ont paru cette année mériter cette première distinction. Je ne sais pourquoi, mais à la manière dont il classa ces trois noms, à la différence que, sans le vouloir peut-être, il mit dans leur prononciation, je soupçonnai déjà qu'Anne Sageret serait l'héroïne de la fête.

Le matin du jour de l'élection, poursuivit le propriétaire, toutes les concurrentes se réunissent à sept heures dans l'église, après avoir entendu une basse messe ; elles partent ayant la bannière en tête ; elles portent toutes un bou-

quet de roses, qu'elles vont déposer et effeuil-
ler sur la tombe du jeune enfant dont la mort
a donné naissance à cette pieuse cérémonie. Le
silence et le recueillement les accompagnent
dans le touchant pèlerinage, auquel assistent
souvent la plupart des habitans de Surène. Il
est doux de penser que la curiosité ne fait pas
seule les frais du voyage. Au retour, les jeunes
filles entendent le sermon et se retirent ensuite dans leur famille, jusqu'au moment où la
cloche les appelle de nouveau pour assister au
scrutin qui décide de leur sort, et pour être témoins du couronnement de celle qui a mérité
le prix.

Comme nous arrivâmes à midi, je profitai
du temps qui devait s'écouler jusque-là pour
visiter ce village, jadis célèbre par les con-
férences qui y furent tenues vers la fin des
guerres de la ligue, dans lesquelles on fit décider Henri IV à embrasser la religion catho-
lique. Plus d'un demi-siècle auparavant, M. de
Lyonne y donna une audience à l'envoyé turc,
et l'on remarqua, comme chose extraordinaire,
qu'il y fut servi du café : c'était en 1669. A cette
époque cette liqueur était fort rare en Europe.

Il régnait dans Surêne beaucoup d'activité ; un grand nombre d'habitans avaient endossé l'uniforme. Le tambour parcourait les rues, en rappelant à leurs devoirs les plus paresseux. Les jeunes filles couraient de boutique en boutique, pour ajouter à leur toilette quelques colifichets. Il se fit ce jour-là une énorme consommation de ruban rose, parce que les demoiselles qui arrivaient de Paris, jalouses de se donner un faux air de rosières, cherchaient à imiter la parure des villageoises, et s'approvisionnaient presque toutes d'une ceinture de circonstance. Les voitures arrivaient en foule de la capitale ; des personnages de distinction s'étaient fait un plaisir d'assister à cette cérémonie, qui avait pour eux les charmes de la nouveauté : aussi je fus moins édifié de leur piété qu'ébloui des toilettes que j'admirai dans l'église.

Toutes les prétendantes à la rose, parmi lesquelles il s'était glissé un peu de contrebande parisienne, étaient assises sur des gradins élevés au milieu de la nef, en face de la chaire. On voyait couronnées d'une guirlande les rosières des années précédentes, qui n'avaient pas encore changé de nom. Les jeunes rosettes attiraient tous les regards, moins pour leur beauté que pour l'air de candeur et de modestie qui brillait sur leur traits et semblait réfléchir leur âme.

Les électeurs étaient placés dans le chœur ; le dais, réservé à l'évêque, occupait la droite de l'autel ; le fauteuil, destiné à madame la comtesse Corv...., se trouvait à la gauche, entouré de deux coussins pour les dames de sa suite, ou, pour mieux dire, de sa compagnie. Le cortége parut, et la cérémonie commença.

Après le *Veni Creator*, les juges causèrent quelques instans entre eux ; ils parurent se consulter sur le nom qu'ils écriraient. La conférence ne fut pas longue. Chacun retourna à sa place, et écrivit en cachette, sur un petit morceau de papier, l'heureux nom qui devait l'emporter sur les autres. Quelques curieux, le cou tendu, cherchaient à lire le secret des juges ; mais ceux-ci mettaient beaucoup de soin à cacher leur opinion. Dès que les bulletins furent déposés, il se fit un grand silence. Le curé et le maire procédèrent à leur dépouillement, et le choix des électeurs, que j'eus

4. 2*

quelque raison de croire conforme à la justice, proclama le nom d'Anne Sageret. Il y eut un mouvement de satisfaction générale que la sainteté du lieu réprima sur-le-champ. La jeune rosière, escortée des deux prétendantes qui après elle avaient réuni le plus grand nombre de suffrages, vint recevoir la bénédiction de monseigneur. J'aperçus dans la chaire M. l'abbé F...., qui improvisa un sermon sur la solennité du jour, dans lequel il nous dit que Surène était *une ville* privilégiée, que la vertu s'y était retirée, et une foule d'autres complimens qui n'auraient pas dû trouver place dans un discours chrétien. Beaucoup de personnes m'avaient vanté l'éloquence de M. l'abbé. Je regrette de ne pouvoir joindre mes éloges aux leurs ; mais j'avoue qu'il m'a été impossible de bien l'entendre. Il y a peut-être un peu de ma faute ; et cependant j'étais placé assez près de lui.

Le sermon fini, on conduisit la jeune rosière devant madame la comtesse Corv...., qui posa la couronne sur la tête d'Anne Sageret. Cette guirlande de roses est attachée avec un ruban noir ; ce qui ajoute à l'intérêt de la cérémonie, en rappelant son origine. Elle passa au doigt de la jeune fille un anneau. « C'est, me dit une vieille femme, le gage de sa dot. — Madame la comtesse dote la rosière ! — Du tout, il n'est pas question de madame ; elle ne donne rien : cela veut dire seulement que les cent écus seront comptés à la rosière à l'époque de son mariage. — Et si elle ne se marie pas ? — Alors ils sont perdus pour elle. « Cette clause-là me parut injuste. J'ignore si elle appartient à la fondatrice ; mais je ne pus m'empêcher d'en faire la remarque à ma bonne vieille, qui me répondit : « Vous avez bien raison. L'an dernier, nous avons eu une rosière gentille, sage : c'était un ange !...... Elle est morte six mois après son couronnement, et sa pauvre famille n'a point profité de sa vertu. »

Pendant que nous parlions, on psalmodiait, et les deux jeunes acolytes de madame la comtesse, escortées, l'une par un habitant de Surêne, l'autre par un jeune militaire décoré, faisaient la quête. Elles s'étaient partagé l'église : lorsqu'elles en eurent fait le tour, j'aperçus une grande différence dans leur récolte. La bourse de la plus jolie pouvait à peine contenir les dons qu'elles avait reçus ; la bourse de sa compagne était encore à moitié vide. La galanterie avait tourné au profit de la charité.

Le cortége, moitié religieux et moitié militaire, au son des tambours et aux accens des chantres de la paroisse, reconduisit la rosière jusqu'à la porte de sa maison, à côté de laquelle il est d'usage de planter un mai. On la remit entre les mains de sa mère, dont la figure était rayonnante de plaisir ; elle pleurait de joie en embrassant sa fille. Le cortége se sépara ; les prêtres et les chantres retournèrent à l'église ; la garde nationale, qui avait escorté la rosière, rompit les rangs ; la gendarmerie, sans laquelle il n'y a point de plaisir en France, reprit la route de Paris.

Le hasard m'avait fait retrouver parmi les électeurs un ancien capitaine de dragons, avec lequel j'avais autrefois servi : il me retint à dîner ; et d'après tout ce qu'il nous raconta de la jeune Sageret, il n'y eut personne qui n'applaudît avec transport au choix qu'on avait fait d'elle.

Le soir, au moment où j'allais quitter le village, j'entendis les sons d'un orchestre cham-

pêtre : je m'approchai , et je vis une partie
des jeunes prétendantes du matin faire avec
abandon les honneurs d'un bal où présidaient
la gaieté, la franchise et l'innocence. Je me
glissai auprès de deux jeunes filles qui s'entre-
tenaient de la cérémonie du matin , et je fus
charmé de les voir rendre justice à la rosière. Il
y avait parmi les garçons un jeune villageois
qui paraissait plus gai que les autres, et cependant il ne dansait pas. J'étais prêt à demander
qui il était, mais l'une des deux jeunes filles
ne m'en laissa pas le temps..... Regarde donc
Alexis, dit-elle en s'adressant à sa compagne...
Est-il content? est-il content? — On le serait à
moins , répondit l'autre. C'est sa cousine et
sa maîtresse, ça fait double plaisir. A présent
qu'Annette a été rosière, on va s'occuper de
son mariage, et je parie que la saison ne se pas-
sera pas sans que nous dansions à sa noce. —
Vous croyez, dis-je en me mêlant à la conversation , que la jeune rosière se mariera bientôt?
—Oui, monsieur; elle a dix-sept ans, Alexis
en a vingt; ils ont été élevés ensemble; leur
amour est presque aussi vieux que leur âge;
leur fortune est la même; ils n'ont rien, sauf la

dot de la rose : les parens sont consentans ; par ainsi, il n'y a point d'obstacles à ce mariage. Comme elle achevait, un gros gars de vingt-cinq ans vint, sans rien dire, la prendre sous le bras pour la conduire à la contredanse; elle n'eut que le temps d'entamer une révérence d'adieu, que la brusquerie de son cavalier ne lui permit pas d'achever..... — Hem ! le grossier ! murmura entre ses dents la jeune paysanne qui restait. Ça n'a pas pus d'éducation !..... Monseigneur, me dit-elle je suis ben votre servante; v'la Jean-Louis qui me fait signe que l'orchestre va aller, et je ne peux manquer ma danse. Puis, après une révérence très-profonde et très-sérieuse, elle se mit à courir à toutes jambes, en s'écriant : Oh! hé! attendez-moi, vous autres..... Je souris de sa politesse et de son empressement. Le cocher qui m'avait amené vint me prévenir que ses chevaux attendaient. Je le suivis, enchanté d'avoir assisté à la cérémonie du couronnement de la rosière, plus content encore de savoir qu'elle allait unir son sort à celui de son jeune cousin. Une fille vertueuse est presque toujours une épouse fidèle, une bonne mère : son

exemple influe sur la conduite de ses enfans, et il ne tient qu'à elle de mettre la
rose au nombre des biens héréditaires de la
famille.

N°. III. — *4 Septembre 1819.*

LA FAMILLE DU PORTEUR D'EAU.

Il faut bien distinguer le peuple d'avec la populace :
vous trouverez dans le peuple tous les germes de
la vertu ; dans la populace, toutes les semences du
vice.   (D. R.....)

Au milieu de cette foule d'étrangers qui
abondent à Paris, et qui viennent y perdre leur
vieille probité ou leur jeune innocence ; qui
échangent, sans efforts, les antiques usages de
leurs aïeux contre les modes nouvelles de la
capitale, il en est quelques-uns que des habitudes heureusement contractées dès l'enfance,
et un gros bon sens naturel, garantissent de
la contagion générale. Ces provinciaux, que
leur séjour à Paris n'a point gâtés, y conser-

vent une physionomie particulière ; leurs cos-
tumes, leurs mœurs, tout sert à les distinguer
des indigènes.

Ces exceptions sont communes dans la classe
plébéienne ; les artisans demeurent ordinairement fidèles aux premières impressions qu'ils
ont reçues : leur mémoire retient avec assez
de bonheur les principes sévères qu'une sage
prévoyance a gravés dans leurs âmes. Habitués
aux privations qui les assiégent presque au sortir
du berceau, ils dédaignent les jouissances d'é-
clat, et placent leur tranquille félicité au sein
de leur famille. Tandis que de riches spécula-
teurs, redoutant d'avoir à partager entre des
héritiers trop heureux les millions que le hasard
a fait tomber dans leurs mains, économisent
leur tendresse, et ne demandent à l'hymen
qu'un fils qui perpétue leur nom, de pauvres
artisans, pleins d'espoir dans la providence,
de confiance dans leur travail, voient sans
inquiétude s'élever autour d'eux une pépinière
de marmots dont la santé robuste est souvent
l'unique fortune.

Pendant que je relisais à demi-voix ces réflexions destinées à servir de préparation à

mon article, André (1) s'était glissé tout doucement dans mon cabinet, le dos appuyé contre
un des pans de ma bibliothéque ; il m'écoutait
avec l'attention d'un juge. Quand j'eus fini, un
mouvement de tête m'apprit que j'avais trouvé
grâce devant lui : ensuite, prenant ce ton mystérieux qui semble réservé aux grandes confidences, mon vieux domestique m'annonça
que Giroux, *notre porteur d'eau*, attendait
dans l'antichambre le moment où je pourrais
lui donner audience ; sur ma réponse, André
me le présenta sur-le-champ.

Giroux est un homme de soixante ans à qui
il est impossible de rien cacher de son âge. Cependant quoique la fatigue et le travail aient
vieilli ses traits, sa physionomie rayonnait de
joie et de santé. Après avoir roulé et déroulé
entre ses doigts les bords immenses de son chapeau, après avoir rejeté vingt fois en arrière
son pied droit qui laissait, en glissant sur le
parquet, des traces visibles de ses nombreuses
révérences, Giroux se décida à parler. Mon
porteur d'eau savait son monde ; il ne fut d'a-

---

(1) Voir *le Bonhomme*, autre ouvrage du même auteur
sur les mœurs parisiennes. (*Note de l'éditeur*)

bord question que de moi ; j'étais sa plus ancienne pratique, et sans le riche fabricant de vin
qui venait de s'établir dans le quartier, j'aurais
été sa meilleure. Je m'aperçus que mes éloges,
qui commençaient à l'embarrasser, l'avaient dé-
tourné du véritable motif de sa visite. Je l'y
ramenai facilement, en lui demandant des nouvelles de sa famille. Grâce à Dieu ! me répondit
Giroux, elle se porte à ravir, et c'est de sa
part que je viens, mon bon monsieur, vous
prier de lui faire l'honneur d'assister à une cérémonie qui doit combler tous nos vœux. Nous
marions, la semaine prochaine, ma fille ca-
dette. Les fiançailles auront lieu après-demain.
Si monsieur pouvait nous sacrifier quelques
instans, ça serait un grand bonheur pour la
mariée, que d'avoir sa signature sur le contrat. L'invitation de Giroux, quelque singulière qu'elle me parût, était faite avec un caractère de franchise et de bonté qui ne me permit pas de refuser ; c'était une grâce qu'il me
demandait. L'assurance qu'il me donna que je
serais le seul étranger admis chez lui me
força de regarder sa démarche auprès de moi
comme une préférence qui ne pouvait que

me flatter. L'amour - propre s'attache à tout.

Giroux logeait au quatrième ; c'est le dernier étage de sa maison. Son nom était taillé dans le mur en grosses lettres auprès de sa porte. Le petit garçon qui m'ouvrit avait cinq ou six ans ; il me fit entrer dans une petite pièce lambrissée, dont les murs étaient recouverts d'un papier à ramage ; huit chaises de paille, une commode de noyer, une table en acajou composaient l'ameublement de cette chambre, dont la propreté faisait le principal ornement ; des rideaux de calicot blanc adoucissaient la clarté du jour, et tempéraient l'ardeur du soleil ; plusieurs portraits d'hommes et de femmes, dessinés la plupart au crayon, et renfermés dans des cadres de bois noir, étaient suspendus autour de l'appartement.

J'attendais depuis quelques minutes, lorsque Giroux se présenta ; il me pria de l'excuser. Ce jour-là il ne savait où donner de la tête, et il ajouta en riant qu'il n'avait pas compté sur une si grande exactitude de ma part. Je le priai de me dire quels étaient les personnages qui tapissaient son salon. Vous voyez là, me répondit-il, une partie de mes ancêtres. Ces portraits sont ceux de mon grand-père et de mon père, auxquels j'ai succédé en qualité de porteur d'eau. Voilà ceux de mes oncles, l'un menuisier à Melun, l'autre aubergiste à Issoudun : celui-ci représente un de mes cousins mort à l'armée ; celui-là une vieille tante qui m'a servi de mère ; cette figure, à peine ébauchée, est celle d'une de mes sœurs qu'un chagrin profond a conduite au tombeau ; elle n'a pu se consoler de la perte de son mari : c'est son fils que vous avez vu en entrant. Nous l'avons adopté, et chacun de mes enfans a pris l'engagement de continuer, après moi, cette adoption. Nous aurions bien voulu nous dispenser de comprendre dans notre collection de famille ce portrait qui ne nous rappelle plus que des chagrins : c'est l'image vivante d'un cousin que l'ambition a perdu ; il eut honte de l'état de son père, et vint à Paris tenter la fortune ; elle ne lui sourit un instant que pour l'accabler ensuite. Jeune, sans expérience, mais rempli d'égoïsme et de vanité, mon pauvre cousin fut la dupe de quelques aigrefins qui avaient moins de fortune et plus d'esprit que lui. Sensible aux revers qu'il éprouvait, il voulut les cacher à ses commettans : pour y parvenir, il eut recours à des moyens qui ne firent qu'accélérer sa perte. Je n'ai vu que deux fois ce malheureux parent. Lorsque ses affaires prirent une certaine tournure, il nous invita à sa fête. Il avait eu soin de ne rassembler que des personnes de sa famille, et son orgueil étala devant nous tout ce que le luxe a de recherché : il jouissait de notre surprise et de notre admiration..... Cinq ans après je fus appelé, par un commissaire de police, pour l'aller reconnaître à la morgue..... Le pauvre Joseph ne s'était plus ressouvenu de nous aux jours de sa misère..... et c'était bien mal à lui...... S'il fût venu nous trouver, le malheureux vivrait encore.

La toilette de la mariée était achevée; les parens venaient d'arriver; tout le monde entra dans le salon. Madame Giroux, en jupon de siamoise, en camisole de bazin blanc, me présenta sa jeune fille. Louise n'était pas jolie; mais une expression de candeur répandue sur tous ses traits leur donnait un charme inexprimable : elle était vêtue d'une robe de percale blanche, et le bouquet de fleur d'orange se balançait mollement sur sa tête ; elle reçut mes félicitations avec modestie, et les renvoya, par un regard plein d'amour, à son futur. Celui-ci s'était placé auprès du père Giroux, dont il pressait cordialement la main. Son costume indiquait un artisan. J'appris de son beau-père qu'il était charpentier. M. Giroux me présenta successivement chacun des membres de sa famille : elle était nombreuse, et paraissait unie par des liens plus solides que ceux de la parenté. Avant de procéder à la lecture du contrat ou des conventions qui en tenaient lieu, Giroux, en sa qualité de chef de la maison, adressa aux deux époux cette exhortation :

— Georges, lorsque j'épousai cette brave femme (*il montra de la main madame Giroux*), j'étais plus jeune et moins à mon aise que toi ; mais, résolu de faire son bonheur, je n'épargnai rien pour la rendre heureuse. Un travail constant empêcha le besoin de s'approcher de nous ; une confiance sage, fondée sur les bons principes que ma femme avait reçus de sa mère, sur le choix qu'elle avait fait de moi quand elle était libre, m'a donné cette égalité de caractère qui fait les bons ménages. Depuis quarante et un ans que nous vivons sous le même toit, à défaut de jours heureux, nous avons toujours compté des jours tranquilles : pas vrai, femme?..... et si, grâce à la fontaine de Jouvence, nous pouvions revenir à vingt ans, ce serait pour faire encore le chemin que nous avons parcouru côte à côte. — Ah! oui, bien vrai, notre homme! s'écria madame Giroux, qui depuis quelques momens ne pouvait plus retenir ses larmes.

— Georges, continua Giroux, Louise est une bonne fille, qui ne nous a jamais caché sa tendresse pour toi ; les renseignemens que nous avons pris nous ont prouvé que tu en étais digne. Il nous reste à te montrer que tu entres dans une famille d'honnêtes gens. A ces mots, le bonhomme Giroux se plaça devant la table, et ouvrit un grand livre vert qu'il avait apporté avec lui. Ce registre, nous dit-il, contient les bonnes actions de nos pères ; c'est un héritage qui passe à l'aîné de chaque branche, lequel à son tour y inscrit celle dont il a été le héros ou le témoin. Il est peu de Giroux qui n'aient tenu à honneur d'y être nommés. Ce livre est le premier que lisent nos enfans : ils y apprennent ce qu'ont fait leurs parens , et voient qu'il ne faut pas chercher hors de leur famille des exemples de vertu et de probité : cette lecture est le meilleur conseil qu'on puisse offrir à leur jeune âge.

En effet, cette coutume me parut devoir produire d'heureux résultats. Tout le monde écouta, avec une espèce de recueillement, les récits du livre vert. Il n'y avait pas là d'actions héroïques , de faits mémorables , mais des traits d'honneur , de dévouement , de reconnaissance, propres à entretenir dans l'âme l'intérêt qu'inspire le bien , et à donner le désir de ressembler à ceux dont on racontait la vie.

Quant à moi qui étais placé près du futur, je le vis avec plaisir prendre à cette lecture un véritable intérêt : il s'enflammait au récit d'une action généreuse. Sa figure s'épanouit lorsqu'il entendit raconter la mort du brave Léonard Giroux, grenadier au premier régiment de l'ex-garde, qui périt enveloppé dans son drapeau. De grosses larmes roulèrent dans ses yeux quand le père Giroux lut le dévouement filial de la jeune Hélène, qui consacra toute sa vie à servir de guide à son vieux père, devenu aveugle, et qui lui sacrifia tous les plaisirs de l'amour, toutes les jouissances de la fortune. De temps à autre, sa main pressait la mienne avec attendrissement : c'était presque un engagement de les imiter si l'occasion s'en présentait.

La lecture finie, on signa le contrat, et l'on passa dans la salle du banquet : j'eus les honneurs de la fête. Assis entre la mariée et son père, j'étais l'objet de leurs attentions. Le repas fut gai, sans bruit ; quelques chansons le terminèrent : elles n'avaient que peu de rapport aux fiançailles ; et aucun des couplets n'était rempli de ces tristes équivoques qui mettent la jeune épouse dans l'embarras de comprendre, ou dans la nécessité de rougir. Chacun des parens offrit aux fiancés un petit présent et un bon avis. Louise mit dans ses réponses une grâce et une modestie parfaites ; elle n'avait pas cette pudeur simulée qui baisse les yeux par calcul : elle laissait éclater en liberté la joie qu'elle éprouvait, et cette joie était partagée par toute la famille.

La soirée fut employée à jouer à de petits jeux. Les vieux parens se rappelaient qu'ils

avaient ainsi passé les premiers jours de leur
jeunesse; aussi, n'étaient-ils ni les moins gais,
ni les moins aimables. Une chose me parut singulière; lorsqu'on en vint à retirer les gages,
je remarquai que ces bonnes gens, condamnés
à embrasser la plus jolie personne de la compagnie, s'adressaient de préférence à leur femme.
Il y avait dans cette conduite une délicatesse,
un respect que je ne me lassai pas d'admirer.

A dix heures précises, le père Giroux annonça à la société qu'il fallait se séparer. —
Nous avons tous besoin de repos, dit-il, et le
soleil ne peut pas se lever avant nous : le plaisir du jour ne doit pas nuire au travail du lendemain.

On faisait ses préparatifs pour sortir, lorsque
Louise s'adressant à ses parens, avec un de ces
regards de la puissance desquels il est impossible de se défendre, les pria de bénir son
choix. Elle se mit au milieu du petit salon,
entraînant Georges à ses côtés ; ils se placèrent
à genoux devant Giroux et sa femme. A l'instant toutes les mains furent levées sur ces deux
jeunes amans. Chacun adressa au ciel des vœux
pour leur longue félicité. Je ne fus pas le der-

nier à leur souhaiter d'hériter du bonheur et des vertus de la famille.

André m'attendait : — Monsieur s'est-il bien amusé? me dit-il avec ce petit ton tant soit peu goguenard que j'ai eu la faiblesse de lui laisser prendre. Je lui racontai l'emploi de ma journée. — Ça ne m'étonne pas, me dit-il; j'ai toujours bien pensé du père Giroux ; ça travaille du matin au soir sans relâche! cela vous est d'une exactitude dans ses petites affaires! Avec lui jamais d'erreur, de mécompte; il y a plus de franchise et de probité dans un de ses tonneaux, que dans toute la cave du marchand de vin. La comparaison me parut originale. J'éprouvai une sorte de satisfaction à penser que tout le monde partageait la bonne opinion que j'avais de mon porteur d'eau. Il y a du plaisir à entendre louer les gens qu'on estime.

N°. IV. — 18 *Septembre* 1819.

LA MANIE DE BRILLER.

> La devise du baron de Fenest se lit, en gros
> caractères, sur toutes les actions des hommes
> de nos jours, c'est pour paraître.
>
> (J.-J. ROUSSEAU, *Dialogues.*)

LA manie de briller est une des infirmités morales qui caractérisent le plus particulièrement l'époque où nous vivons. Cette maladie a étendu ses ravages à toutes les classes de la société. Comme en fait de sentiment et de fortune, la majeure partie est convenue de s'en rapporter volontiers aux apparences, chacun cherche à les avoir pour soi, et veut se *montrer*, n'importe à quel prix.

Plus sages que nous, nos grands pères ne sacrifiaient pas tout au présent; ils comptaient l'avenir pour quelque chose; et ce temps, vers lequel leurs regards étaient constamment tournés, les rappelait sans cesse à l'économie; ils vivaient de privations jusqu'au moment où leur fortune se trouvait à l'abri des caprices du sort. Plus tardives, leurs jouissances étaient aussi plus sûres. Le désespoir, la misère ou la honte ne flétrissaient pas les derniers jours de leur existence; ils emportaient au tombeau cette pensée consolante, qu'après leur mort même, il seraient encore utiles à ceux qui leur devaient la vie.

Notre siècle est un siècle d'apparat; l'égoïsme et l'orgueil y règlent la plupart des actions humaines. On a mis le luxe au rang des besoins; on s'en fait un titre, un appui; il éblouit, il protége : paraître riche est souvent un moyen de le devenir, à Paris surtout, où le faste arrache la confiance, que cependant ils ne justifie pas toujours. Ceux qui cherchent des dupes, sont ordinairement logés avec magnificence, vêtus avec recherche : on cite leur hôtel, le nombre de leurs laquais, la richesse de leurs équipages. Les gens comme il faut vont rarement à pied, et les fripons adroits imitent, à s'y méprendre, les gens comme il faut.

De combien de malheurs cette manie de briller n'a-t-elle pas été la source ! Que de personnes lui doivent leur ruine ! Pour soutenir l'éclat d'une représentation qui a cessé d'être en harmonie avec la médiocrité de ses revenus, on appelle à son secours les emprunts onéreux, qui, à la longue, vous dépouillent légalement ; on a recours au mensonge qui humilie, à la fraude qui souille à jamais votre réputation ; et c'est ainsi que la misère et le déshonneur s'acclimatent dans les familles.

Persuadé qu'on obtient tout lorsqu'on peut persuader à ses protecteurs qu'on n'a besoin de rien, Gerval a, pendant son séjour à Paris, affiché une grande opulence ; il demandait une place du ton dont on offrirait un service. Ce moyen, que je ne conseillerais pas à tout le monde d'employer, lui a réussi. Cette fois-ci, la manie de briller a conduit à des résultats avantageux, qui n'ont offensé ni l'honneur ni la morale. Mais à peine Gerval a-t-il reçu son brevet, qu'il s'est hâté de partir et d'aller au fond de sa province, couvrir, par une sage économie, les folles dépenses que lui a coûtées sa présence à Paris.

Son cousin Valmont a été moins heureux.
Employé dans une administration de la capitale, ce jeune homme, époux d'une femme
charmante, père de deux jolis petits enfans,
s'est bercé de l'espoir d'un avancement rapide;
il a basé sa dépense, moins sur ses émolumens
actuels que sur ses appointemens futurs. Il
donnait des soirées comme un administrateur,
et ses dîners étaient meilleurs que ceux de son
chef de division. Dans sa politique, il invitait à
ses réunions des chefs qu'il croyait flatter par
cette déférence, et qui se trouvaient offensés
d'être si bien traités par un de leurs commis.
Contraints, par politesse, d'abandonner le soir
le ton de supériorité qu'ils affectaient le matin,
ces messieurs s'en dédommageaient par des
éloges ironiques, seule récompense qu'ils ac-
cordassent aux soins empressés de Valmont. A
chaque mutation, une raison secrète forçait le
pauvre commis de rester à sa place; les gra-
tifications pleuvaient à sa droite, à sa gauche,
aucune ne tombait sur lui; et lorsqu'il se plaignait de cette espèce d'injustice, il recevait
en réponse de nouvelles promesses aussi brillantes et surtout aussi sincères que les pre-

mières. Pour en presser l'exécution, il faisait de nouveaux frais ; ses soirées étaient plus variées, ses dîners plus recherchés. Vains efforts ! tout changeait autour de lui, lui seul était immuable. Enfin, sans la mort d'un parent qui lui laissa quelque fortune, les créanciers de Valmont obtenaient une prise de corps contre lui, et sans un changement survenu dans l'administration, qui disgracia son chef de bureau, il se serait trouvé porté sur une liste d'employés à supprimer, arrêtée par ce même chef, qui, la veille, lui avait gagné ses appointemens de deux mois, à la bouillotte.

Possesseur d'une fortune honnête, Belfort pouvait vivre heureux. Doué d'une imagination riante, d'un caractère facile, d'un esprit aimable, et de ces talens qu'on recherche dans la société, il réunissait toutes les qualités qui concourent à la félicité humaine. Un seul travers ternissait ces qualités-là. Belfort était tourmenté de la manie de briller, d'éclipser ses voisins, ses amis. Une jeune femme, qui lui avait apporté pour dot une jolie figure, une voix charmante, un ton délicieux, entretenait en lui ce vain désir d'ostentation. Élevée dans un de nos premiers pensionnats , Clarice Lebel y avait puisé le goût immodéré de la parure. Liée, pendant le cours de ses études, avec quelques jeunes personnes d'une haute naissance , et dont les parens jouissaient d'une grande opulence, elle avait contracté facilement les habitudes de ses jeunes amies. Son seul désir , en se mariant, avait été d'épouser quelqu'un qui n'imposât pas silence aux caprices de sa vanité. Belfort adorait sa femme , il n'avait garde de la contrarier.

Les femmes qu'on adore nous perdent souvent : Belfort en fit la triste expérience. Sa manie, au lieu d'être combattue par sa femme , était, au contraire, soutenue , caressée par Clarice, qui payait du sourire le plus tendre chacune des nouvelles complaisances de son époux. De telles récompenses étaient trop agréables pour que Belfort ne s'empressât pas de les mériter : chaque jour des fêtes brillantes mettaient le comble aux ravissemens de madame et aux embarras de monsieur. Déjà quelques vieux amis de son père, car ceux de Belfort n'auraient jamais eu ce courage , avaient hasardé quelques remontrances , qu'on écoutait avec une impatience respectueuse, mais sans témoigner la moindre intention d'en profiter. Des paiemens avaient été retardés, et ces avertissemens n'avaient que faiblement inquiété Belfort. Ses revenus étaient saisis ; il riait encore avec ses amis des peines que ses créanciers se donnaient, et continuait d'épuiser gaiement les faibles ressources échappées à la vigilance de ceux qui le poursuivaient. La mauvaise humeur de Clarice suivait ordinairement les refus de Belfort, qui ne pouvait se résoudre à l'affliger. Des spéculations heureuses rehaussèrent pendant quelque temps son crédit ; mais tout lui manqua bientôt à la fois. Prudent et sage, il pouvait encore en vendant une partie de ses biens, payer ses créanciers et vivre modestement : cet effort était au-dessus de ses forces. Une telle réforme eût coûté des pleurs à sa femme, elle eût humilié l'amour-propre de Belfort : il ne put s'y décider. Dix-huit mois après ce malheureux jeune homme fut obligé de se soustraire aux poursuites de ses créanciers. Il passa aux États-Unis, cherchant à refaire une fortune qu'il avait gaspillée par amour.

a femme, scandalisée de la conduite de son

époux, qui la délaissait ainsi, feignit d'oublier qu'elle était la principale cause de ses désordres ; elle profita , sur-le-champ , du bénéfice de la loi, pour se séparer de Belfort. On prononça le divorce: Cette nouvelle parvint à Belfort, qui habitait Philadelphie. Ce dernier trait le conduisit au tombeau. Il mourut le même jour, où Clarice , devenue libre , consentit à épouser le vieux comte d'H..., qui lui abandonnait toute sa fortune.

Ce vieil homme, vêtu de noir, qui porte sa misère avec une espèce de coquetterie, dont les habits usés ont conservé les restes d'une vieille élégance ; qui place sous son bras les trois quarts d'un chapeau qui ne peut le garantir des injures du temps , et qui souvent affecte, en se promenant, un air de grandeur qui ferait honneur à un parvenu, est un ancien capitaliste , qui a des réminiscences. Pendant la moitié de son existence , cet homme a fait envie. Cet autre vieillard, si richement vêtu, qui vient à sa rencontre, et détourne la tête au moment où il l'aperçoit, fut un de ses plus intimes amis ; il le serait encore, si la prodigalité sans cesse renaissante de Versac n'eût mis un terme à leur amitié. Ruiné par ses folies, Versac a supporté la pauvreté avec un courage qu'une véritable philosophie peut seule donner. Il ne regrette qu'une chose ; ne croyez pas que ce soit un ami : Versac a vécu dans un monde où l'on ne rencontre rien qui y ressemble ; il est seulement fâché qu'à l'époque où il concourut si efficacement à l'édification de l'hôpital N....., il ne lui soit pas venu dans l'idée d'y réserver un lit pour le fondateur..... Il a fait dernièrement des démarches pour y être reçu, on l'a un peu chicané sur son âge ; mais, en raison de ses anciens droits, il espère qu'on ne lui tiendra pas rigueur ; en tout cas il attendra.

C'est à cette manie de briller qu'il faut attribuer les erreurs trop fréquentes qui prennent leur source dans le désir de plaire. Inaccessible à l'amour, le cœur d'une jeune fille est déjà ouvert à la coquetterie ; ses yeux convoitent en secret la robe légère qui double les charmes qu'elle est destinée à voiler ; sa vue s'arrête, avec complaisance, sur ces parures bizarres, sur ces riches ornemens don la mode impose l'usage à la beauté. Un retour sur elle-même lui arrache un soupir ; la comparaison de sa pauvreté, de la simplicité de ses habits, avec la mise élégante de celle que le sort a fait naître dans une classe élevée, ou qu'un hasard officieux a comblé de ses faveurs, vient troubler son imagination : elle accuse l'injustice du destin, qui la condamne à l'obscurité ; elle se révolte contre l'indigence de ses parens. La misère énerve le respect filial ; chaque jour elle sent s'affaiblir la tendresse que les soins de ses parens devraient au moins lui inspirer. Cette vie qu'elle a reçue est un malheur qu'elle leur reproche, puisqu'ils ne peuvent l'embellir..... Que dans ce moment, un étranger, paré des avantages de la jeunesse, des ressources de l'opulence, fasse briller à ses yeux quelques gouttes de cette pluie d'or qui vainquit la résistance de Danaé, et elle couvrira du nom d'amour le sacrifice offert à la vanité..... Telle fut à peu près l'histoire de ta jeunesse, pauvre Nella ! Jalouse d'obtenir des hommages dont tu soupçonnais à peine l'objet, tu désertas la chaumière paternelle. Ta fuite n'était pas le secret de l'amour. Le soin de ton existence fut confié au plaisir ; la Fortune, qui

n'avait pas souri à tes premières années, se
plut à s'attacher à tes pas, à te prodiguer ses
caresses ; et par le chemin du mépris, elle te
conduisit au faîte des richesses... Tu étais fière
de ta honteuse opulence..... Un seul revers te
rendit à ta première indigence ; mais alors elle
te devint insupportable, parce que tu n'avais
plus l'innocence qui l'ennoblit, ou la paix de
l'âme qui ôte au malheur sa plus grande amertume.

> « Tout prince a des ambassadeurs,
> » Tout marquis veut avoir des pages »

a dit le bon homme, et rien n'est plus commun
aujourd'hui que cette ambition ridicule qui
porte les petites gens à imiter les folies des
grands personnages. Le plus modeste commerçant a ses réunions de plaisirs, ses soirées d'apparat ; le plus mince artisan a ses dîners et ses
bals d'anniversaires.

Un jeune musicien que son talent pouvait
conduire aux succès les plus honorables, victime d'une folle vanité, s'est vu contraint de
fuir le pays témoin de ses premiers triomphes.

Ernest Bernard était le fils d'un marchand

de gants de la rue Saint-Denis. Sa mère, devenue veuve, s'était retirée de son commerce, pour donner à son fils une éducation brillante : elle l'accoutuma de bonne heure à voir le monde, à prendre le ton et les goûts de la bonne compagnie ; elle fournissait avec plaisir à toutes ses dépenses, sans songer qu'elles étaient souvent excessives pour son âge, et surtout pour sa profession ; car Ernest n'était qu'un artiste, qu'un professeur de musique, dont le talent s'annonçait sous les auspices les plus heureux, mais qui ne pouvait aller de pair avec une quantité de jeunes gens dont il faisait sa société habituelle.

Ernest donnait des leçons de musique dans une maison d'éducation. Une de ses jeunes élèves paraissait prendre un goût particulier à ses leçons ; seule, elle ne les trouvait jamais assez longues. Ses progrès étaient rapides ; et, dans les commencemens, l'artiste en faisait honneur à sa méthode : il ne fut pas long-temps à en deviner la véritable cause.

Notre professeur avait vingt-six ans, une taille noble, élancée, une figure pleine de grâces et d'expression ; il s'exprimait avec élégance, et sa conversation était agréable et spirituelle. Ces avantages avaient frappé la jeune Constance de Monlaur ; et de l'amour de l'art, elle avait passé facilement à l'amour de l'artiste. Ses beaux yeux bleus se reportaient avec tant de plaisir sur Ernest, elle l'écoutait avec une attention si exclusive, que son secret transpira. Ernest fut le premier qui le devina. Jamais il n'aurait osé (malgré la bonne opinion qu'il avait de lui-même) porter ses vues sur mademoiselle de Monlaur, qui descendait d'une des plus nobles familles de l'Angoumois ; mais sa vanité fut flattée de l'intérêt qu'il inspirait à sa jolie écolière : il redoubla de soins auprès d'elle, et grâce à l'espérance qu'il avait conçue, Ernest prit un peu de l'amour qu'il avait donné.

Nos amans furent bientôt d'accord. Constance ne cacha point à sa famille la violence du sentiment qu'elle éprouvait. On eut beau lui représenter les dangers qui résulteraient d'une pareille mésalliance, la fille des comtes de Monlaur persista à donner sa main au jeune musicien. Il fallut céder à ses instances. Un refus compromettait sa vie. Sa mère n'eut pas

le courage de s'opposer à ce mariage : il fut
célébré avec une pompe extraordinaire. Madame Bernard voulait prouver aux Monlaur
que cette alliance avait son beau côté : elle
chercha à les éblouir par sa magnificence.

Ernest eut une maison montée, dans laquelle
il recevait sa mère une fois par semaine, quand
il n'y avait personne : les autres jours étaient
destinés à la brillante société de Paris. Ducs,
comtes, marquis, artistes célèbres, seigneurs
étrangers, littérateurs à la mode, acteurs en
vogue, banquiers en crédit, on trouvait de
tout dans son salon, le rendez-vous général des
titres, des talens, et des beautés de la grande
ville.

Madame Bernard était enchantée de son fils,
de sa bru, qui l'appelait sa belle-mère, même
devant le monde. Elle ne tarissait pas sur l'é-
loge des Monlaur, qui voulaient bien lui em-
prunter de l'argent de préférence à de vieux
amis, qui n'auraient pas manqué de se fâcher,
disaient-ils, s'ils avaient su qu'ils s'adressas-
sent à d'autres qu'à eux. Chaque jour, elle se
les rendait favorables par de nouveaux cadeaux,
par de nouveaux services. Malheureusement,

au sortir d'un grand bal, donné par son fils, où on l'avait forcée de danser, elle tomba malade et mourut, en dépit de deux médecins, qui prétendaient la sauver par des moyens infaillibles, sur lesquels ils n'étaient jamais d'accord.

Livré à lui-même, Ernest augmenta le train de sa maison; il prit une voiture, une livrée. Il n'osa pas se donner un chasseur; mais il eut un jockei brodé sur toutes les coutures, qui le suivait partout, et qui eut ordre de n'appeler jamais madame Bernard, sans faire précéder son nom de la syllabe *de*, que les événemens ont mise à la portée de tout le monde.

La fortune d'Ernest n'était pas assez considérable pour continuer long-temps le train qu'il avait pris : la ressource qu'il tirait de ses talens était bien faible. L'époux de mademoiselle de Monlaur n'osait plus être artiste; c'était un homme du monde, qui, grâce à son mariage, pouvait aspirer à tout. Tel était du moins le langage de ceux qui venaient dîner chez lui. Ils en faisaient un chef de bureau, au potage; un maître des requêtes, au rôti; un conseiller d'état, au dessert : on avait même été jusqu'à le porter au ministère, en prenant le café.

Le pauvre Ernest, dont la tête était très-faible, ne put résister à tant de louanges : dans la persuasion où il était qu'il devait parvenir à quelque chose, il commença par négliger ses écoliers, pour composer des opéras ; plus tard, il abandonna les opéras pour les entreprises dramatiques. Comme Ernest n'avait pas l'habitude du calcul, il ne comptait jamais avec lui-même. Aussi fut-il tout étonné d'apprendre, un jour, que ses biens étaient hypothéqués ; ses revenus saisis ; et qu'enfin, il ne lui restait plus qu'à vendre son patrimoine, pour apaiser ses créanciers et continuer de briller dans le monde. Il se résigna à ce sacrifice, parce que ses amis l'avaient bercé de l'espérance qu'une occasion, qui ne pouvait manquer de se présenter, rétablirait immanquablement sa fortune.

Cette insatiable envie de briller avait fait faire à Ernest la connaissance d'une foule de jeunes gens des premières familles de France : c'était le duc ***, le comte ***, le marquis ***, le baron ***. — Ernest, seul entre tous, n'a-

vait aucun titre ; il se contentait de se faire appeler de Saint-Bernard, par son jockei, et encore
n'osait-il pas mettre ce nom sur ses cartes de
visite.

A cette époque, un vieux marquis, homme
riche mais peu considéré, porteur d'un nom
que ses aïeux avaient illustré, et qu'il trai-
nait dans les salons de la capitale, se lia avec
Ernest. Le marquis était garçon ; avec lui s'é-
teignait le nom de Monroq. Ernest conçut l'i-
dée de le faire revivre ; et, par ses prévenances, ses adroites flatteries, il s'empara
tellement de l'esprit du vieux gentilhomme,
que celui-ci se décida à l'adopter. Dès que
l'acte d'adoption fut résolu, et avant même
qu'il fut rédigé, Ernest s'empressa de prendre
le titre de marquis. Il fit peindre ses armoiries
sur les panneaux de sa voiture ; il les fit gra-
ver partout où il put le faire, sans blesser par
trop les convenances, afin d'accoutumer plus
promptement ses amis au respect que semblait exiger sa nouvelle dignité. Le marquis,
de fraîche date, donna des fêtes, des bals,
des concerts, dans lesquels, comme on le pense
bien, M. le marquis ne faisait jamais sa partie.

Mais ces places, dont on lui avait donné l'espérance, n'arrivaient pas ; ces emplois heureux, qui deviennent, dans les mains d'un homme adroit, une source d'honneurs et de richesses, échappaient à ses sollicitations, et chaque jour ajoutait à ses embarras. Son imagination, fertile en expédiens, avait déjà plusieurs fois éloigné le moment de sa ruine, mais les moyens qu'il avait pris pour retarder ce malheur, ne pouvaient avoir qu'un succès passager ; et comme ils étaient plus ingénieux que délicats, leur découverte le vouait à la honte et à la misère.

Une résolution prompte et ferme, de sages économies, d'utiles travaux, des privations nombreuses, pouvaient arrêter *l'artiste-marquis* au bord du précipice ; il aima mieux fermer les yeux sur sa situation, que de s'éclairer sur les dangers qui l'environnaient. De nouvelles folies creusèrent encore l'abîme entr'ouvert sous ses pas. Les fêtes se succédaient ; il fallut créer des ressources, contracter des engagemens pour couvrir d'anciennes dettes et faire face aux nouvelles. Pour la première fois, Ernest entrevit la profondeur de l'abîme, et s'aperçut trop tard qu'il fallait succomber.

Non-seulement Ernest avait dépensé sa fortune, celle de sa femme, épuisé la bourse de ses amis, lassé la patience de ses créanciers, mais il avait eu la faiblesse d'inventer, à son profit, un crédit imaginaire ; il avait fabriqué de fausses lettres de change, dont le terme de paiement, fort éloigné à l'époque de leur création, lui avait fait concevoir la possibilité de les payer avant l'échéance. Malheureusement rien ne lui réussit, et le terme fatal approchait.....

Ne sachant plus où donner de la tête, notre jeune marquis résolut de se soustraire, par la fuite, au sort qui l'attendait ; mais, pour fuir avec sûreté, il fallait cacher adroitement ses projets : en conséquence, Ernest donna une soirée charmante. La réunion présentait l'aspect le plus varié, le plus agréable : des artistes distingués, qui se faisaient un plaisir de réclamer Ernest comme un de leurs chefs ; des grands seigneurs qui s'honoraient de sa nouvelle illustration ; des jeunes femmes qui enviaient le bonheur de madame de Saint-

Bernard ; des mères qui soupiraient en pensant que leurs filles ne jouiraient peut-être pas d'une pareille félicité, tels étaient les personnages rassemblés dans les salons du marquis. Tous enviaient le sort du jeune musicien ; tous demandaient au destin de verser sur eux les faveurs dont il comblait M. de Saint-Bernard de Monroq ; et tandis que sa maison retentissait des cris de plaisir et de joie, que l'or roulait sur les tapis, et contribuait à donner à ce lieu un air de splendeur et de magnificence, le pauvre Ernest crayonnait à la hâte, dans un café solitaire, un billet d'excuse adressé à sa femme, et que celle-ci s'empressa de communiquer à l'assemblée. Le marquis prétextait, pour motiver son absence, que le ministre l'avait retenu, et que, forcé de céder aux désirs de son excellence, il ne pourrait rentrer chez lui que fort avant dans la nuit. Ce message, auquel tout donnait les apparences de la vraisemblance, augmenta le respect des assistans pour la jeune marquise, et leur offrit une nouvelle occasion de vanter le bonheur d'Ernest, en protestant de la sincérité de leur amitié pour un homme que les

honneurs semblaient venir chercher. On se
sépara fort tard. Ernest n'était pas rentré; sa
femme l'attendit encore quelques minutes,
puis elle se coucha, convaincue que ce retard
était une preuve de plus, que les espérances
de son mari commençaient à se réaliser.

Que devint-elle le lendemain, lorsqu'un
nouveau message d'Ernest lui découvrit l'effrayante vérité? Elle s'évanouit plusieurs fois
dans la matinée. Les créanciers, plus promptement instruits que les autres, accoururent
en foule. Les porteurs de traites imitées se
présentèrent chez les signataires des effets
dont ils étaient porteurs, et là, ils acquirent
la certitude que le malheureux Ernest avait
abusé de la bonne foi de tout le monde.

La justice s'empara de cette affaire, et malgré tout ce qu'on tenta pour l'assoupir ou pour
influencer les juges, *l'artiste-marquis* fut condamné par contumace. Il était passé en Angleterre, où, sous un nom supposé, il avait
repris sa première profession; ce fut au milieu d'un concert auquel assistaient les plus
illustres seigneurs d'Angleterre, que les journaux parisiens lui apportèrent la nouvelle de

sa condamnation. Madame Bernard n'avait pu survivre au déshonneur de son mari. L'artiste lui-même ne tarda pas à mourir pauvre et abandonné de tous ceux qui l'avaient recherché dans le temps de sa dissipation.

A ce tableau si triste de suites de la manie de briller, j'opposerai la peinture un peu plus gaie des habitudes de Dorval, qui veut à toute force avoir ce qu'on appelle une maison à soi. Avec un emploi modique, une petite rente qui meurt avec lui, Dorval se croit obligé d'avoir des dîners, des soirées : il réunit chez lui des amis qu'il va chercher partout, et de temps en temps il les traite à sa manière; mais comme Dorval veut allier ensemble l'économie et le désir de paraître, rien n'est plus plaisant que ses dîners où les mets les plus ordinaires, et les vins les plus communs, ne paraissent jamais que dé-guisés sous les noms les plus pompeux. Deux vieux habits de livrée lui servent à revêtir le portier et son fils qui, ce jour-là, abandon-nent le soin de la loge, pour figurer au repas en qualité de domestiques, et sous les noms qu'il plaît à Dorval de leur imposer. Il a grand soin de placer deux ou trois couverts avec les

noms de M. le comte ***, M. le chevalier ***,
qui n'arrivent jamais, et contre lesquels il peste
avec une chaleur qui persuaderait qu'ils étaient
réellement attendus..... Mais on est toujours
forcé de se mettre à table sans eux. Les bou-
teilles, soigneusement étiquetées et légèrement
saupoudrées de cendre, semblent annoncer aux
convives qu'elles sortent d'une cave abondam-
ment fournie ; mais ce sont autant de *trompe
l'œil*, qui ne résistent point à une épreuve
plus délicate. L'argenterie répandue avec profusion sur la table, indiquerait l'opulence du
maître de maison, si les chiffres différens dont
elle est couverte ne faisaient soupçonner qu'elle
a plusieurs propriétaires ; enfin le mélange de
la faïence et de la porcelaine dans le même
service est presque un indice certain que les
voisins ont une part indirecte aux apprêts de la
cérémonie.

Rien de plus comique que l'empressement
de Dorval à placer tout son monde au jeu : il
ne veut pas qu'on expose plus de *cinquante
centimes* à l'écarté ; mais il souffre volontiers
qu'on fasse la bouillotte à *cinq francs*, pourvu
qu'on n'oublie pas de mettre au flambeau ; il

ne s'assied à aucune table, afin, dit-il, de veiller à toutes, et il ne bouge presque pas de la bouillotte, dont il retire, petit à petit, les jetons ; il faut le voir colportant les verres d'eau et le sucrier rempli de gros morceaux de sucre qu'il a recueillis au café de la Régence. Enfin le moment de partir arrive : on se quitte ; dès que Dorval est seul, il se restreint au plus strict nécessaire ; et par une privation d'une quinzaine de jours, il cherche à combler le déficit que laissent dans sa caisse les dépenses de la fête du jour. Afin que personne n'ignore qu'il a eu l'honneur de donner un grand dîner, il vous accoste, en se plaignant de la petitesse de sa salle à manger qui l'a privé du plaisir de vous avoir ; plaisir, qu'il ne manquera pas de se procurer à la première occasion. La folie de Dorval, du moins, ne causera pas sa perte, son avarice clandestine le sauvera des dangers auxquels l'aurait exposé sa prodigalité apparente. C'est à Paris surtout que le nombre des gens qui se ruinent à paraître est considérable ; le luxe y est si répandu, qu'il a confondu toutes les classes de la société, et je défierais l'œil le plus exercé de distinguer dans nos promenades publiques le ministre d'avec son secrétaire, le banquier d'avec son commis, et le grand seigneur d'avec son valet de chambre.

N°. V. — 21 *Septembre* 1819.

UN BUREAU D'ÉTAT CIVIL (1).

> Le sacrement et le contrat sont deux choses
> bien différentes ; à l'un sont attachés les
> effets civils , à l'autre les grâces de l'église.
> (VOLTAIRE.)

LE hasard a mieux servi mademoiselle Agathe Labobinière , que la ridicule prévoyance de ses parens ; elle a attrapé un mari au moment où elle y pensait le moins; et dans le seul endroit où elle n'avait pas été en chercher un. Conduite par son père à la représentation d'un mélodrame nouveau, les larmes qu'elle a versées sur les malheurs d'une pauvre petite princesse contrariée dans ses amours par un gros

(1) Voir *un bal bourgeois* , dans LE BONHOMME.

tyran qui avait l'air d'y entendre malice, ont attiré sur elle les regards d'un jeune provincial que sa mère avait envoyé à Paris pour s'y former.

Henri Duplessis n'a pu voir, sans en être profondément ému, la sensibilité de mademoiselle Agathe. Pendant toute la durée du spectacle, il n'a cessé de la contempler avec le plus vif intérêt. Ses yeux constamment attachés sur elle peignaient, avec assez de bonheur et d'adresse, les diverses sensations qui agitaient son âme, et sa figure réfléchissait les impressions de douleur et de joie qui animaient les traits de sa jolie voisine. Cette conformité apparente de sentimens ne pouvait que flatter mademoiselle Agathe, qui oublia, un peu trop promptement peut-être, les infortunes imaginaires de la princesse, et tourna fréquemment ses regards du côté opposé à la scène : on eût dit que pour elle l'intérêt de la représentation se trouvait dans la salle.

Sous prétexte d'éviter la foule, mademoiselle Labobinière sortit une des dernières du spectacle. Pendant le trajet, elle n'ouvrit pas la bouche. Son père attribua ce silence aux

émotions qu'avaient dû lui causer les événemens surnaturels qui composaient le chef-
d'œuvre qu'elle venait d'admirer. Il n'osa la
distraire de cette espèce de recueillement. Un
petit mouvement de curiosité porta mademoiselle Agathe à tourner un peu la tête vers les
endroits les moins éclairés de sa route. Un certain je ne sais quoi, dont elle ne pouvait se
défendre, lui disait intérieurement que ce personnage mystérieux, qui réglait sa marche sur
la sienne, et qu'à la sombre lueur du réver-
bére économique, l'œil le plus clairvoyant
n'aurait pu reconnaître, était ce grand jeune
homme que le hasard ou l'amour lui avait donné
pour voisin pendant toute la soirée.

Arrivée à la porte de la maison que son
père nommait un hôtel, elle jeta un dernier
coup d'œil sur son compagnon de voyage, et
remarqua, avec plaisir, qu'il s'arrêtait, ce qui
confirma ses soupçons : ils se changèrent en
certitude, lorsqu'un quart d'heure après,
ayant entr'ouvert les rideaux du salon qui
donnait sur la rue, elle l'aperçut de nouveau,
adossé à la porte cochère en face. Son premier mouvement fut d'ouvrir la croisée ; mais

la réflexion vint à son secours : elle s'éloigna rapidement, et poussa la porte du salon avec un petit air d'humeur dont elle aurait eu beaucoup de peine à s'avouer la cause ; elle courut ensuite embrasser ses parens avec un redoublement de tendresse qui les enchanta, et elle alla se renfermer dans sa chambre. Il était fort tard lorsque mademoiselle Agathe s'endormit ; cependant elle fut éveillée avant tout le monde.

Quelque adresse qu'une femme emploie pour cacher le sentiment qu'elle éprouve, il est bien rare qu'un mot, un geste, un regard, ne trahisse pas le secret de son cœur ; et de quelque timidité qu'un homme soit atteint, il y a des circonstances où l'amour-propre l'éclaire, pour ainsi dire, malgré lui. M. Duplessis, encouragé par le désir de plaire, et surtout par l'espérance d'avoir plu, trouva facilement le moyen d'être présenté à la famille Labobinière, qui s'empressa de l'accueillir avec une faveur marquée. Le soir même, tout le quartier fut instruit de cette bonne aventure. Après quelques jours de connaissance, le jeune homme, dont l'amour n'avait rien perdu de sa force, se hasarda à demander la main de mademoiselle Agathe. Madame Labobinière dissimula fort adroitement sa joie, et se fit beaucoup prier pour consentir à un mariage qu'elle-même avait annoncé d'avance à toutes ses meilleures amies. Les informations prises assez rapidement, en considération de la fortune du jeune homme, on avança le jour de la signature du contrat, et la célébration du mariage fut remise au lendemain.

J'avais assisté à la petite fête donnée pour les fiançailles; j'avais admiré le trousseau de la mariée, qui donnait une idée avantageuse de la magnificence et du goût du futur, et je me disposais à prendre congé de madame Labobinière, lorsque son mari, s'avançant à ma rencontre, me pria de remplacer un de ses parens qu'une indisposition empèchait de se rendre le jour suivant à la mairie, pour servir de témoin au mariage de sa jeune cousine. J'aurais eu mauvaise grâce à lui refuser un service si facile : j'acceptai. Il fut convenu que, pour ma commodité, j'attendrais les nouveaux mariés le lendemain matin à dix heures, à la mairie de leur arrondissement, qui se trouvait à deux pas de chez moi.

Fidèle à tenir ma promesse, je me rendis dans les bureaux à dix heures précises ; j'y arrivai quelques momens avant les employés, qu'attendaient déjà le père d'un enfant nouveau né, et le mari d'une femme qui venait de mourir. Ces deux individus étaient porteurs de physionomies qui n'indiquaient pas leur situation : je m'y serais facilement trompé, si je n'avais entendu la fin de leur conversation. Eh ! mon Dieu oui, mon cher Bernard, disait en soupirant le plus triste des deux ; cela fait le cinquième, et notre métier va si mal, qu'un enfant de plus est une calamité pour ses parens. A peine est-il au monde, qu'il faut s'occuper de son avenir ; c'est un tourment perpétuel ! — Il en coûte beaucoup aujourd'hui pour être père..... — Sans doute ; mais il faut prendre son mal en patience, répondait Bernard en secouant légèrement les restes d'une prise de tabac qu'il avait puisée dans la boîte d'écaille de son interlocuteur. J'ai gardé au lit, pendant dix-huit mois, la pauvre femme que je viens faire enregistrer. Le ciel a eu pitié d'elle et de moi ; elle a cessé de souffrir hier au soir à cinq heures..... La voilà heureuse, maintenant ! Elle est morte au moment où sa maladie menaçait de traîner en longueur : ce qui nous chagrinait tous pour elle. Je l'aimais tant ! Enfin, ce qui m'est arrivé vous prouve qu'il ne faut désespérer de rien dans ce monde..... D'ailleurs, je m'étais fait une raison..... D'après l'avis des meilleurs médecins, je m'étais accoutumé d'avance à cette séparation..... A quoi sert de s'affliger ! Cela ne remédie à aucun mal. Cette philosophie, dont il donnait à la fois le prétexte et l'exemple, ne faisait qn'une légère impression sur l'esprit de son ami.

Les employés arrivèrent. Pendant qu'ils reçurent les déclarations des deux personnes dont je viens de parler, je regardai quelques-uns des registres de l'état civil. L'ordre avec lequel sont tenues ces tables de vie et de mort, me parut mériter des éloges. C'est un bienfait des temps modernes. Les plus anciens registres des paroisses de Paris, comme on sait, remontent au commencement du seizième siècle ; mais, à cette époque, ce n'était, pour ainsi dire, que des cahiers volans tenus à volonté, où l'on inscrivait pêle-mêle les mariages, les baptèmes, les enterremens, et sur lesquels il n'était pas d'usage de suivre la date des faits. Des pages blanches séparaient souvent les actes d'un même jour, et la même feuille réunissait quelquefois ceux qui n'avaient eu lieu qu'à de longs intervalles

Il existe à Paris, dans les archives de l'état civil, un monument curieux : c'est un registre qui renferme les actes de la paroisse Saint-Paul, pendant une vingtaine d'années. Ce registre date de 1640. Non-seulement il contient des actes de baptême, de mariage, de décès; mais encore une foule d'anecdotes, de renseignemens particuliers, de notes originales et bizarres, qui se distinguent par une naïveté singulière. Les événemens les plus tragiques y suivent l'inscription d'un mariage, et la relation d'un accident politique y précède l'enregistrement d'un baptême. Vers le milieu de ce registre, la personne chargée de le tenir a exprimé ainsi ses doléances sur le mois d'octobre 1650, qui paraît avoir eu quelque ressemblance avec celui de 1816 : « Fin du » misérable mois d'octobre, pendant lequel il » ne cessa de pleuvoir tellement, que ceux qui

» vivront boiront du verjus, et que M. de
» Saint-Paul, notre bon curé, n'en sera pas
» exempt. »

Ce fut, si je me le rappelle, en 1737, et sous
le règne de Louis XV, qu'une ordonnance donna
une forme légale et un caractère d'authenticité
aux registres ouverts dans les paroisses. Depuis cette époque, chacun d'eux contenait
avec soin les documens et les détails nécessaires
pour garantir l'état et les droits des citoyens. La
révolution a enlevé ces registres à ceux qui en
furent chargés dans l'origine.

J'attendais avec patience l'arrivée de mademoiselle Labobinière, à laquelle je pardonnais
de bon cœur son inexactitude. Une jeune mariée a l'esprit si préoccupé le jour de ses noces !
La porte s'ouvrit plusieurs fois avant qu'elle parût. Ce fut d'abord pour nous montrer un baptême *incognito*. La sage-femme, accompagnée
du concierge de la mairie, vint, à l'aide d'un
morceau de papier, déclarer que le petit enfant
qu'elle présentait, était né la veille ; que l'on
désirait qu'il fût inscrit sous le prénom de Théodore, en attendant mieux ; que sa mère s'appelait Rose-Félicité Leroux, et que le père..... —

Je sais son nom, dit à demi-voix l'employé, accoutumé sans doute à de pareilles confidences, et il délivra sur-le-champ une copie de l'extrait du baptême à la sage-femme, qui en avait besoin, pour l'attacher aux langes du petit Théodore, qu'elle allait déposer dans une maison fort éloignée de celle de sa mère.

A ce baptème, j'en vis succéder un autre. Le père de l'enfant accompagnait le parrain et la marraine. Il ne cessait de sourire à tout le monde; il regardait avec complaisance le gros marmot que portait avec dignité une jeune sage-femme, qui flattait l'orgueil paternel, par l'éloge d'une ressemblance plus aisée à deviner qu'à prouver. Cette fois, les noms du père, de la mère, ceux de l'enfant furent prononcés à haute voix ; seulement, lorsqu'après avoir demandé les prénoms de l'épouse le commis adressa une nouvelle question à l'époux, je m'aperçus que celui-ci se pencha à son oreille pour lui répondre. Un signe de tête, de la part du commis, me prouva qu'il comprenait à merveille les motifs d'une pareille discrétion ; mais sur la proposition qu'il fit d'expédier une copie de l'acte : —C'est inutile, répondit avec précipitation et gaieté le père,

Madame nourrit..... Madame!.... Il eût été beaucoup plus simple de dire ma femme. J'ignore pourquoi ce mot-là ne vint pas à l'idée de M. Dupuis.

Un jeune officier supérieur, que suivaient, en se frottant joyeusement les mains, deux hommes en habits gris, boutons noirs, portant à leurs chapeaux ronds un vieux crêpe blanchi sur leur tête, demanda *l'employé aux morts*. Après avoir fait enregistrer le décès d'un oncle qu'il paraissait chérir tendrement, il fut accosté de nouveau par un de ces deux hommes gris, qui, d'un ton dolent et la larme à l'œil, lui remit ce qu'il appelait *la carte des enterremens*. L'officier se borna à demander l'adresse de l'entrepreneur. Toujours obligeant, l'homme gris s'offrit à lui servir de guide, et avant de sortir du bureau, il entama l'éloge de chaque tenture, en ajoutant, comme une preuve irrécusable de sa beauté, le nom et la qualité des personnes auxquelles elle avait eu déjà l'avantage de servir.

Après son départ, je fis une singulière remarque ; le commis qui donnait un billet d'entrée à chaque nouveau-né, était un jeune homme sec et maigre ; son costume était sombre comme sa figure ; les paroles sortaient avec lenteur de sa bouche, et tout en lui portait l'empreinte du chagrin et de l'ennui ; son collègue, au contraire, était un petit vieillard plein de santé, d'une humeur enjouée. Il entra en riant, tailla sa plume en racontant une anecdote fort gaie ; et ce fut en fredonnant entre ses dents quelques vieux airs de *Philidor*, qu'il prit note du nom, du rang et de l'âge des pauvres diables qui partaient pour le cimetière.

L'heure avançait ; je passai dans une grande pièce pompeusement nommée la salle des mariages. Deux jeunes mariées et leurs familles y étaient déjà rendues. Toutes deux fort jolies et très-jeunes, semblaient destinées à faire long-temps le bonheur de leurs époux. Cependant je m'aperçus que la moins âgée avait un air de tristesse, que ne pouvaient dissiper les attentions délicates de son mari, beaucoup plus vieux qu'elle. Sa parure élégante et riche, les diamans qui couvraient ses doigts et serpentaient dans ses cheveux, l'air d'opulence qui l'environnait, rendaient encore plus saillans son embarras et sa pâleur. Pendant tout le temps que je restai dans la salle, elle n'osa pas lever une seule fois les yeux sur celui qui ne cessait d'attacher ses regards sur elle. Aussi jolie, mais plus vive, laissant lire dans ses traits tout le bonheur dont son cœur était rempli, l'autre jeune mariée paraissait moins étonnée que satisfaite de son état; elle causait, riait, avec un abandon charmant, et lorsque ses yeux s'arrêtaient, chemin faisant, sur l'homme dont elle allait porter le nom, elle les tenait attachés sur lui avec amour. Que d'innocence dans sa joie ! que de tendresse dans sa gaieté !

Je fus enlevé au plaisir que j'éprouvais à la contempler, par le concierge, qui vint m'avertir que la famille Labobinière m'attendait dans le cabinet du secrétaire de l'état civil ; je fus obligé d'aller la rejoindre, et de terminer, un peu trop promptement peut-être, mes observations sur ce lieu singulier, où l'on enregistre si indifféremment les actions les plus importantes de notre vie.

N°. VI. — 7 *Octobre* 1819.

LA JOURNÉE D'UN MÉDECIN.

Des hommes qui s'occuperaient de rendre la santé à d'autres hommes, par les seuls principes d'humanité et de bienfaisance, seraient fort au-dessus de tous les grands de la terre : ils tiendraient de la divinité. Conserver et réparer est presque aussi beau que faire.

(VOLTAIRE, *Dictionnaire philosophique*)

LA saison avance, les jours diminuent ; déjà l'épi est tombé sous la faucille, et la grappe mûrie appelle la serpe du vendangeur. La campagne, veuve des fleurs qui l'embellissaient, se dépouille de sa verte parure, et la feuille légère tombe, jaunie par les rayons du soleil d'octobre. On se hâte de jouir des derniers beaux jours; les Parisiens accourent en foule aux fêtes des villages voisins, et chaque soir ils inondent les promenades et les jardins publics.

Sans autre dessein que celui de perdre agréablement une heure ou deux, je m'étais décidé à augmenter le nombre des personnages qui peuplent les allées du Jardin Turc, rendez-vous d'une société brillante qui vient y chercher les douceurs de l'*incognito*, qu'elle n'y rencontre pas toujours.

Après une petite promenade dans laquelle j'avais aperçu quelques habitans de la Chaussée-d'Antin, qui, je ne sais pourquoi, m'avaient privé du plaisir de les saluer, j'allai me réfugier sous un des bosquets placés à l'extrémité du jardin. Là, je réfléchis aux scènes variées qui se reproduisaient sans cesse sous mes yeux ; je passai en revue les originaux qui s'offraient à mes regards..... Mon oreille fut frappée des sons d'une voix qui partait du bosquet voisin. Je n'eus pas de peine à reconnaître, à ses accens pleins de charmes, la voix de madame V..,.., jeune veuve dont la sagesse égale la beauté.

Je m'étais levé sur-le-champ. Un sentiment de discrétion m'avait porté à m'éloigner et cependant je ne sais comment cela se fit, au bout de cinq minutes, j'étais assis sur la chaise la plus proche de madame de V....., le cou tendu, le corps penché vers elle, dans l'attitude d'un homme qui a le plus grand intérêt à apprendre ce qui se dit auprès de lui ; l'épaisseur du feuillage protégeait mon indiscrète curiosité ; il me dérobait à mes voisins, qui dans la chaleur d'une conversation fort animée, ne me semblaient pas fort occupés de ce qui se passait autour d'eux.

Je ne fus pas long-temps à savoir qu'il s'agissait de reproches adressés, par la jeune veuve, à un homme qu'à sa toilette recherchée, à son langage brillant, à ses manières tendrement polies, je prenais pour un des élégans de la capitale : c'était un médecin.

Mais enfin, mon ami, dit madame de V....., au docteur, il est impossible que vous n'ayez pu trouver, dans toute votre journée, à disposer de quelques minutes en ma faveur. Vous ne l'ignorez pas ; vos visites me sont bien nécessaires : j'ai besoin de conseils, et votre présence m'est d'un grand secours pour opérer ma guérison. A des plaintes si doucement exprimées, le docteur répondit d'abord, en s'emparant de la main gauche de la malade, qu'il pressa légèrement, comme quelqu'un qui veut s'assurer de l'état du pouls. J'aurais dû penser, en effet, que le jeune médecin était occupé à compter le nombre des pulsations , si madame de V....., qui n'a , je crois , aucune connaissance de la médecine , ne se fût , à son tour , emparée de la main du docteur , et ne l'eût pressée avec une précipitation égale à la sienne.

Tout cela fut l'affaire de vingt secondes : c'était comme une espèce de mouvement électrique qui s'était communiqué à nos deux personnages ; cependant cette réponse , quelque expressive qu'elle fût, ne satisfit point madame de V.... ; elle reprit avec un petit ton d'impatience qu'on excuse facilement dans un malade : Mais enfin , docteur , qu'avez-vous fait ? La question était positive. Notre jeune médecin ne chercha point à l'éluder.

« Vous savez , dit-il à son aimable interlocutrice , que je vous quittai avant-hier au bal de l'ambassadeur , où j'eus le plaisir de danser avec vous une partie de la soirée ? Il était près de deux heures du matin quand je me couchai. Je dormais d'un profond sommeil , lorque mon domestique me réveilla , en m'annonçant qu'un laquais de la duchesse de M.... m'attendait dans l'antichambre. Sa maîtresse avait eu , en rentrant, une légère attaque de nerfs, et, sur l'ordre de son maître, Lafleur était venu me chercher. Je m'habillai à la hâte. La voiture de la duchesse nous attendait à ma porte. En un instant je fus près de la malade. Tout le monde était sur pied dans l'hôtel : je ne pus me défendre d'un sentiment de crainte en apercevant ce régiment de domestiques, le mouchoir à la main, faisant mine d'essuyer une larme qui avait toutes les peines du monde à rouler dans leurs paupières. Je montai précipitamment, et avant même qu'on m'eût annoncé, j'étais au chevet du lit de la malade. L'attaque durait encore. M. le duc m'apprit que sa femme avait passé une partie de la nuit chez madame de Brémont, où elle avait joué, par désœuvrement, jusqu'à trois heures du matin : il ajouta, qu'en sortant de souper, il était allé la reprendre, et qu'un moment après son retour à l'hôtel, la duchesse était tombée en syncope ; que son évanouissement avait été suivi d'attaques violentes ; que, dans l'intervalle des crises, madame de M...., dont la tête paraissait très-faible, reportait continuellement ses pensées vers la nuit qui venait de s'écouler. Les termes de jeu, de bouillotte, de creps arrivaient fréquemment sur ses lèvres ; et le duc avait surtout été frappé de ceux-ci.... *Comment faire !.... Mille louis sur parole !.... Ah ! si mon mari ! J'en mourrai de chagrin !....* Ces mots sans suite, auxquels le duc trouvait un sens caché très-facile à expliquer, le tourmentaient horriblement. Il tenait beaucoup à sa fortune, qui était considérable, et il craignait qu'une imprudence de sa femme (la première qu'il eût à lui reprocher) ne fût venue entamer une partie de ses revenus. Tandis qu'il parlait, je m'étais approché de la malade. Dès qu'elle fut sûre de n'être vue que de moi, elle entr'ouvrit un œil noir plein de malice et de santé. Je fus sur-le-champ dans le secret de sa maladie ; aussi, grâce à mes soins et à une petite confidence, jetée adroitement en avant dans un de ces momens où le duc craignait que l'accident ne devînt plus sérieux, je parvins à me procurer le seul remède propre à calmer les souffrances de la duchesse. Je me sauvai gaiement, emportant les remercimens des deux parties, qui ne manqueront pas d'ajouter, par leurs éloges, à ma célébrité naissante.

Il était à peine sept heures quand je sortis de

l'hôtel : je tournai mes pas vers la rue de l'É-
chiquier, où, la veille, j'avais promis de me
rendre de très-bonne heure. Une jeune femme,
entourée de sa famille agenouillée autour de son
lit, attendait, avec impatience, mon arrivée.
La douleur vraie et sincère de ses parens, le
morne désespoir de son époux, contrastaient
avec l'indifférence et la sécurité de deux enfans
qui jouaient ensemble dans la pièce qui servait
d'entrée. L'un d'eux, c'était une petite fille de
trois ans, s'étant glissée à ma suite dans la
chambre de la malade, aperçut une partie de
sa famille en prières ; elle se mit à genoux, et
joignant ses petites mains, elle s'écria tout haut:
« Mon Dieu ! faites-moi la grâce de jouer bientôt avec maman. » J'éprouvai une grande joie
de pouvoir annoncer à cette réunion de braves
gens, que je leur répondais des jours de madame Dubois. Ce ne furent point de stériles remercîmens que l'on m'adressa ; la famille entière
me combla de bénédictions.

A quelques pas de là, j'entrai dans une maison
notée sur mes tablettes pour une double visite.
J'y trouvai un riche vieillard qui redoutait
qu'une indigestion ne le précipitât au tombeau,

4.   5

et dans l'étage supérieur , un jeune homme
mourant de faim. Le premier se rattachait à la
vie par des souvenirs agréables , et prodiguait
les promesses , les supplications, pour obtenir
d'ajouter encore quelques jours à ses vieux jours.
Le jeune homme , déjà las d'une existence en
butte à tous les besoins, implorait la mort comme
un bienfait ; et , par une de ces bizarreries que
l'on rencontre assez communément dans le
cours des choses , leurs souhaits furent exaucés :
le vieillard se porte à merveille ; on enterre le
jeune homme demain.

Après une consultation à laquelle j'étais appelé pour une maladie dont j'ai oublié le nom ,
j'ai partagé , avec mes collègues, un déjeuner au
Rocher de Cancale. Nous avons causé politique,
modes , anecdotes du jour. Le temps s'est écoulé
avec une telle rapidité , que j'ai été forcé de remettre au lendemain deux visites très-pressées ,
et de prendre un cabriolet pour courir chez
madame de Balmor : c'est une femme singulière.
Je ne sais qui lui a suggéré qu'une bonne santé
était un objet de mauvais ton ; mais , depuis dix
ans, elle a pris un médecin qui est obligé de lui
ordonner ce qu'elle désire. De l'exercice et des

ménagemens , quelques boissons rafraîchissantes en été , et des bains chauds en hiver ; voilà , jusqu'à présent , ce que j'ai trouvé de mieux pour satisfaire son caprice. Dans les premiers jours , je m'avisai de la trouver bien portante ; je crus qu'elle tomberait malade d'une pareille contrariété. Depuis ce temps , et d'après les conseils de ceux qui l'approchent , je me suis bien gardé d'une telle inconséquence. Sa confiance en mes ordonnances est si grande , qu'elle ne veut recevoir personne avant moi le matin, afin de pouvoir être à même de dire au juste comment elle se porte , d'après l'avis du médecin.

Je rentrai chez moi. Mon cabinet de consultations était rempli de divers personnages. Je ne pus donner audience qu'aux plus adroits. Une vieille femme que j'ai soignée durant une maladie longue et grave , qui l'a privée de son travail pendant près d'une année , venait m'apporter le reste de la petite somme qu'elle m'a contraint de recevoir d'elle : trop fière pour être traitée gratis, trop pauvre pour supporter une lourde dépense , elle n'a pas voulu cependant me priver de mes honoraires : je les ai fixés au taux le plus modique.

Le comte d'Orlis, au contraire, à ce que m'a dit Picard, s'est récrié sur mon mémoire, et a trouvé que la santé de sa femme est bien chère au prix que j'y mets. Il a remis de nouveau mon domestique à la semaine prochaine : c'est la quatrième fois que Picard se présente à l'hôtel, où je crains que ses visites ne soient bientôt aussi nombreuses qu'ont été les miennes.

J'ai dîné chez un riche célibataire qui réunissait une nombreuse société. Il ne ressemble pas à madame de Balmor, et cependant il s'est jeté, depuis quatre ans, entre les mains de deux médecins de ses amis, qui ne le quittent presque jamais. A la moindre douleur, à la plus petite altération, il a recours à leurs conseils. Rarement ils s'accordent ensemble ; et, par une louable précaution, M. Lebrun, dont la confiance dans les lumières de tous les deux est également profonde, observe, avec une religieuse exactitude, le double traitement qu'ils lui prescrivent. Il avait eu le matin un léger dérangement, et à dîner il plaça ses amis à ses côtés. Dès qu'on lui offrait d'un plat, il interrogeait de l'œil l'un et l'autre de ses conseils, qui, tout le temps que dura le dîner, furent constamment d'un avis contraire. Il en résulta que M. Lebrun sortit de table, n'ayant pris qu'un bouillon et deux verres de Bordeaux.

En rentrant chez moi, j'y trouvai une jeune fille dont la maladie sautait aux yeux. Je dois passer légèrement sur la confidence qu'elle me fit en pleurant, et que je n'écoutai pas sans émotion. Je connaissais sa famille, je me chargeai de la préparer à l'annonce de son malheur. Les héritiers du riche marquis de Bellefond venaient solder le mémoire de leur parent, que j'ai traité dans sa dernière maladie ; ils me prièrent de recevoir comme un gage de leur reconnaissance un des bijoux du défunt. Il y avait tant de franchise et de cordialité dans leur manière d'offrir, que je n'osai les affliger en refusant. J'ai remarqué qu'en général la classe des héritiers est celle qui chicane le moins sur nos mémoires.

Je me disposais à sortir ; mais je rencontrai au bas de l'escalier le valet de chambre de M. le vicomte d'Ormond, dont le maître avait été blessé à un bal champêtre. Je ne sais comment le vicomte s'y était pris, et de quelle façon il avait dansé, mais son corps était plein de contusions : il fallait qu'il eût tombé bien des fois dans le bal. Je ne pus m'empêcher de lui en faire l'observation, en ajoutant qu'il y avait de l'imprudence à se présenter ainsi, quand on n'était pas sûr de ses jambes, et à s'exposer à une chute lorsqu'on ne savait pas danser.... Son valet de chambre se retourna pour rire de ma remarque. J'ignorais alors pourquoi ; mais en me reconduisant, il m'apprit que son maître était entré à cheval au milieu du bal de Passy, et que les danseurs, outrés de cette impertinence, s'étaient permis de battre la mesure sur le dos du cavalier..... Ce fut sous la promesse d'un secret inviolable, que le valet-de-chambre du vicomte me confia la mésaventure de son maître, et le soir même je l'entendis raconter de vingt manières différentes, dans plusieurs maisons, où personne ne plaignait le blessé. Il y a des gens qui s'imaginent pouvoir se compromettre impunément, et qui se persuadent que leurs actions publiques resteront secrètes.

Je prenais le chemin de votre hôtel, mais au détour de la rue de Rivoli, je fus accosté par un de mes amis, colonel de cavalerie, qui me fit rebrousser chemin..... Venez, me dit-il en me prenant par le bras, venez ; nous n'avons pas un moment à perdre ; et soudain il me force de monter avec lui dans son cabriolet. Il dirige sa course vers l'ancien palais du Corps-Législatif, pendant toute la route il m'est impossible de tirer de lui aucune parole. A chacune de mes questions, il ne répond que par un soupir. Je le regarde, et je vois des larmes tomber sur sa vieille moustache.

Nous arrivons. Je le suis, sans rien dire, dans une vaste chambre où nous trouvons étendu sur un lit de repos, un jeune homme d'environ vingt-cinq ans. Une famille désolée entourait la malheureuse victime d'une affaire d'honneur. — Docteur, me dit le blessé, en faisant un effort pour sourire, je crains que le zèle de mon ami ne vous ait causé une peine inutile. Mon adversaire a été d'une adresse cruelle. — Malgré cette douloureuse appréhension, je sondai la blessure..... — Je vous l'avais bien dit, ajouta le jeune homme, en interprétant mon silence !..... Il est pourtant affreux de quitter la vie lorsqu'on a tant de raisons pour l'aimer ! A ces mots, une dame d'un certain âge se précipita sur la main du mourant, et l'arrosa de pleurs. Un vieux capitaine, dont la poitrine était couverte de croix, se retourna pour essuyer ses pleurs. Mon ami se désolait.—Quoi ! pas d'espoir ? me dit-il.—Aucun, répliquai-je à voix basse. Hélas ! me répondit-il en me pressant la main, à quoi servent donc la naissance et la richesse, les qualités du cœur et les charmes de l'esprit ?..... Un jeune homme, l'orgueil et l'espoir de ses parens, aimé dès qu'il était connu, estimé de ses supérieurs, chéri de ses égaux, meurt à la fleur de son âge ; il échappe aux horreurs de la guerre, au glaive de l'ennemi, pour mourir d'une balle *française* sous les yeux de sa famille ! Ah ! que celui qui lui ôte la vie doit être à plaindre !

Malgré la certitude que j'avais que mes soins étaient parfaitement inutiles au blessé, je n'osai pas me retirer : ma présence offrait à la famille une lueur d'espérance, et je ne me sentis pas le courage de la priver de cette faible consolation. J'assistai aux derniers momens du jeune Marcel ; ils furent déchirans. La pieuse résignation du mourant, la douleur de sa mère et de ses sœurs ; le sombre désespoir de son père, le chagrin silencieux de tous les assistans portaient dans l'âme une tristesse profonde.

Il était près d'une heure du matin lorsque je

quittai cette maison de deuil. Quel que fût le désir que j'avais de vous revoir, je ne pouvais m'exposer.....» Ici le jeune docteur baissa la voix....
Je m'approchai pour ne rien perdre de son récit, auquel il allait donner une autre sorte d'intérêt ; mais le bruit que je fis en touchant le feuillage, trahit mon indiscrétion, et me força à une
retraite précipitée. Je l'exécutai sur-le-champ,
fort heureux d'avoir pu m'esquiver sans être reconnu.

N°. VII. — 15 *Octobre* 1819.

LES DEUX SUCCESSIONS.

> Tous deux marchent à la mort par des sentiers
> différens, et comme ils n'ont vécu que pour
> eux, aucun éloge ne frappe l'oreille de ceux
> qui leur survivent.

J'AIME assez que les projets d'un homme embrassent une longue suite de temps, et qu'il n'entreprenne rien sans avoir tourné ses regards vers les objets de son affection. Occupé des intérêts de ceux qui l'entourent, il associe, en quelque sorte, l'avenir à ses entreprises ; et s'il se sent arrêté en chemin par quelques obstacles que sa prévoyance n'avait pas devinés, il est rare que sa tendresse ne les surmonte pas : on est bien fort lorsqu'on travaille pour ce qu'on aime, surtout lorsqu'on est mû par le double désir d'arracher ses enfans à la misère, et de sauver son nom de l'oubli.

Cependant, quoique le siècle où nous vivons ait été fécond en métamorphoses qui prouvent l'instabilité de la fortune, ses favoris n'en sont devenus ni plus sages, ni plus prudens. Avertis vingt fois de l'inconstance de la déesse par les revers de leurs voisins, ils ont dédaigné les avis de l'expérience, et se sont crus destinés, en secret, à servir d'exception à ses caprices : comme ces femmes, qui témoins des mille infidélités d'un homme, accueillent encore son amour, parce qu'elles sont persuadées qu'il n'appartient qu'à elles de le fixer. '

Si la rapidité avec laquelle quelques fortunes se sont élevées, a pu scandaliser la probité des envieux et réveiller la malignité des maladroits, la chute de ces heureux du siècle a souvent réjoui le cœur de ceux à qui il n'a manqué qu'une occasion pour les imiter. Les hommes dont l'enfance s'est écoulée au sein des privations, supportent difficilement le poids d'un bonheur dont ils n'avaient pas l'habitude : ils se hâtent de jouir de tous les avantages d'une richesse impromptu ; ils abusent de leur situation présente ; ils épuisent follement ces trésors dont le hasard fut prodigue envers eux, et au bout d'une prospérité de quelques années, ils rendent à leurs enfans la misère qu'ils avaient reçue de leurs pères : tel est à peu près le sort de toutes ces fortunes de contrebande, qui se sont élevées sans le secours du travail, et que le temps n'a point consolidées.

Une des maximes les plus généralement répandues dans la société, est celle-ci : Qu'il faut vivre pour soi. C'est l'une de celles qu'on suit le plus volontiers. L'amour des richesses, le désir des honneurs ont semé dans tous les cœurs un levain d'égoïsme. Je me rappelle que, dans ma jeunesse, l'ambition des pères avait pour but le bonheur de leurs enfans ; c'était pour leur laisser un brillant héritage qu'on cherchait à accumuler les richesses dans sa maison ; c'était pour ajouter à leur considération future qu'on sollicitait des emplois qui jetaient un nouvel éclat sur la famille : alors ils étaient la première et la plus douce pensée de leurs parens, qui vivaient en eux et pour eux.

L'ambition est devenue plus personnelle : on ne désire point aujourd'hui des honneurs pour les transmettre, mais pour en jouir ; on ne demande pas des richesses pour en former un héritage, mais pour les diviser en revenus presque toujours insuffisans ; et lorsque des dépenses extravagantes ont dissipé une partie de cette fortune si brillante, on ne va point chercher dans l'économie un remède à cette malheureuse prodigalité. Jaloux de conserver les apparences mensongères d'un grand état de maison, on altère son capital, on emprunte à des taux exhorbitans, on déshérite peu à peu ses enfans, sur le sort desquels on s'alarme d'autant moins, qu'on leur suppose l'esprit de se tirer d'affaire, et qu'on leur lègue l'exemple de leurs parens. C'est souvent leur unique héritage, et c'est celui auquel il leur serait peut-être plus facile et plus agréable de renoncer.

M. Clément est un de ces hommes dont la vie se compose des circonstances les plus extraordinaires. Fils d'un pauvre marchand mercier, il fut élevé par charité ; son caractère ne put se plier à aucune instruction ; à quinze ans il ne savait rien : on le fit embarquer à bord de la corvette *la Mutine*, en qualité de novice. Au moment où son âge et ses forces corporelles lui garantissaient sa promotion au grade de matelot, il déserta pour suivre, comme valet de chambre-secrétaire, un négociant de Honfleur, qui partait pour les États-Unis. Il revint en France à la mort de son maître, qui lui avait laissé, par testament, une somme de deux mille écus, en récompense de ses bons et loyaux services. Cette disposition testamentaire fut attaquée par des collatéraux auxquels le défunt, qu'ils ne connaissaient pas, abandonnait une succession de deux millions. Clément, effrayé de la lenteur de la procédure, transigea pour moitié. Ces trois mille francs devinrent la source de sa fortune.

A une époque où les richesses se déplaçaient si facilement, il ne fallait qu'un peu d'adresse et d'audace pour se procurer une honnête aisance. Chaque jour voyait naître des spéculations scandaleuses, dont le succès tenait du prodige. En peu d'années, Clément devint un riche capitaliste. Il épousa une femme charmante, eut des amis, des hôtels, des maîtresses, des enfans, des équipages, et donna à la capitale le scandale du luxe le plus effronté. Les affaires de ses correspondans se dérangèrent ; les siennes à en juger par le train qu'il affichait, s'amélioraient de jour en jour ; sa femme mourut, ses enfans grandirent : ils tenaient de leur père pour l'ignorance, de leur mère pour la faiblesse et la dissipation.

Tout le monde enviait le bonheur de Clément et le sort de ses deux fils. Depuis long-temps ils étaient retenus pour les deux nièces d'un personnage de distinction, qui devait beaucoup de reconnaissance à leur père. Le double mariage n'était différé que par rapport au jeune âge des deux futures. Sur ces entrefaites, Clément tombe malade : on appelle, à grands frais, quatre des meilleurs médecins de la capitale ; ils se partagent d'opinions sur la nature de la maladie, dissertent, à perte de vue, sur les symptômes que chacun attribue à une cause différente ; entassent citations sur citations, exemples sur exemples, pour appuyer leur avis, et au bout de deux heures ainsi perdues, ils se séparent sans avoir rien décidé : ils ajournent à vingt-quatre heures leur seconde consultation. Clément mourut dans l'intervalle.

J'ignorais tous ces détails, et je me présentai à l'hôtel au moment où un peuple de créanciers disputaient aux deux fils l'ameublement somptueux qui décorait l'appartement de leur père. Les jeunes gens, qui ne connaissaient pas l'état des affaires de la succession, n'avaient pu prendre des mesures préparatoires, et se trouvaient livrés, sans défense, à une foule de réclamans qui appuyaient leurs prétentions sur des titres non équivoques. L'hôtel, le château, les fermes étaient hypothéqués pour des sommes doubles de leur valeur. Les meubles étaient en partie la propriété d'un certain Dutac, qui les avait fait saisir trois mois avant la mort de M. Clément, et qui avait consenti à un arrangement pour ne pas les déplacer. Les biens vendus, les créanciers soldés, il resta aux enfans une somme de trente mille francs, dont les gens de loi s'approprièrent les deux tiers pour vacations, droit d'enregistrement, de timbre, etc., etc. On conçoit aisément la déconvenue de ces malheureux enfans, élevés dans le faste et l'opulence. Cependant, une chose digne de remarque, c'est qu'au milieu de leur douleur, ils ne cessèrent de professer, pour la mémoire de leur père, le plus profond respect. Leurs plaintes s'exhalaient seulement contre quelques dames de la connaissance du défunt, qui avaient été pauvres et jolies ; contre quelques amis de la maison, qui étaient devenus importans et riches. Il y a mieux, les deux frères firent élever un tombeau à la mémoire de leur père, et y gravèrent l'expression de leur tendresse et de leurs regrets.

Le désespoir de ces jeunes gens m'avait attristé l'âme, et j'arrangeais intérieurement un beau discours de condoléance, que je me proposais de leur adresser à la prochaine rencontre, lorsqu'au détour d'une rue qui avoisinait l'hôtel, je fus tiré de ma rêverie par de bruyans éclats de rire. Je levai la tête, et j'aperçus à l'une des lucarnes d'une maison de très-mince apparence, deux femmes qui donnaient aux passans le spectacle d'une joie immodérée : elles appelaient du nom de Jacques un garçon colporteur qui paraissait hésiter à leur aller tenir compagnie.

« Ce sont pourtant les cousines du défunt, me dit une petite femme maigre et laide, à laquelle je n'avais point adressé la parole. Depuis ce matin, elles se divertissent à ses dépens. Le pauvre cher homme ! s'il avait su que sa fortune tomberait en de pareilles mains !.... » Ce mot de fortune qui s'alliait si mal avec un appartement lambrissé au sixième étage, le costume des héritières, qui paraissaient appartenir à une des dernières classes de la société, et surtout cette gaîté publique dans la chambre qui, le matin même , avait contenu les restes de leur parent, étaient bien faits pour piquer ma curiosité.

Je me hasarde à suivre Jacques, qui s'est lui-même décidé à accepter l'invitation de ces dames. Arrivé au cinquième étage, je m'empare, à son imitation, d'une grosse corde accompagnant une échelle tremblante qui conduit à la porte de la chambre du défunt. Jacques s'excuse, et ne veut point partager la gaieté des commères. Je me suis même aperçu qu'en entrant ses regards se sont dirigés vers le grabat du défunt, et qu'il a marmotté tout bas quelques paroles dont je crois avoir deviné l'intention.

Michel (car je viens de l'entendre nommer par une femme qui se dit sa cousine germaine) était un commissionnaire qui affectait tous les dehors de la pauvreté. Ses vêtemens, dont aucun n'était entièrement, ni de la même couleur, ni de la même étoffe, annonçaient la plus

affreuse indigence. Dévoré d'une sordide avarice, il ne dépensait que le strict nécessaire,
et se nourissait souvent des dons de la charité
publique. De son vivant, personne n'avait pénétré dans son taudis ; et ce qu'il y a de particulier, c'est que plus d'une fois il a demandé l'au-
mône aux deux malheureuses que le hasard fait
aujourd'hui ses riches héritières. Avec quelle
joie elles contemplent cette bourse de vieux
cuir jaune, remplie de pièces d'or ! ce mouchoir
en lambeaux, qui recouvre deux sacs d'écus !
ce portefeuille de papier rouge, gonflé par
une trentaine de billets de banque, qu'elles ont
déjà compté dix fois, et qu'elles se disposent à
recompter encore !..... Comme elles vont fure-
tant partout !..... Aucunes d'elles ne veut abandonner la chambre, sans s'être bien assurée
qu'elle ne contient plus rien qui appartienne à
la succession. Je crois même qu'une des cousines a parlé de demander sérieusement au propriétaire la permission d'abattre le toit et de
démolir la mansarde. » Ce vieux ladre, dit la
seconde, nous fait tort de plus de quarante mille
francs. D'abord, il en avait placé dix chez ce
gros banquier du faubourg Saint-Germain, qui

a fait banqueroute la semaine dernière ; et puis ce malheureux Michel a pris cette perte tant à cœur, que l'on peut dire que le pauvre diable en est mort.... Certainement qu'à son âge c'était une sottise de se chagriner ainsi !.... Il était encore jeune, actif, vigoureux ; il pouvait ben travailler une dizaine d'années sans se gêner, nous ramasser une trentaine de mille francs... C'te chienne d'avarice n'est bonne à rien !.... C'est trente mille francs, plus ou moins, dont il nous fait tort.... Le vieux vilain ! » Tandis que la cousine germaine se lamentait ainsi, l'autre, à l'aide d'un vieux couteau et d'un tronçon de lime, s'amusait à décarreler la chambre du défunt. Jacques sourit des discours de l'une et du travail de l'autre ; il ne maudissait pas l'avarice du mort, car il n'héritait pas ; mais il ne put s'empêcher de gronder Javotte du peu de respect qu'elle avait pour la mémoire d'un parent qui faisait en quelque sorte sa fortune.... « Tiens c'tautre, dit Javotte, qui veut me donner des leçons de politesse. Eh bien ! v'là t'y pas grand' chose. Si le cher homme amassait, c'est qu'ça l'y faisait plaisir. Crois-tu pas qu'il pensait à nous ? Bernique ! il voulait pas tant seulement nous permettre de l'y dire un petit bonjour en passant ! D'ailleurs, je l'avons fait enterrer à nos frais. Qu'est-ce qu'il peut exiger de plus?... » — Il me semble, répliqua Jacques en prenant un air capable, que vous auriez bien pu lui faire mettre des lettres sur sa tombe ! — Bah ! laisse-donc : est-ce qu'il se serait donné c'te peine-là pour nous ? Tout ce que je pouvons faire pour lui, c'est d'aller trinquer, en son honneur, tous les trois, chez le marchand du coin, qui en a du bon à quinze. »

A ce mot, la chercheuse se leva, et ajourna le reste de son travail. On descendit après avoir fermé à clef le taudis de Michel, et l'on entama de nouveau l'oraison funèbre du défunt, chez le marchand de vin, qui ne pouvait se pardonner de n'avoir pas deviné la fortune de son locataire.

N°. VIII. — 1ᵉʳ. *Novembre* 1819.

MOEURS PARISIENNES.

CORRESPONDANCE.

Paris, le 28 octobre 1819.

MONSIEUR LE RÔDEUR,

Nous avons passé le temps où la magie obtenait les honneurs du bûcher. On ne fait plus *feu de sorciers* maintenant. Une amende proportionnée à la misère du devin qui prodigue les trésors à ses pratiques, une détention plus ou moins longue, suivant la maladresse du prophète : voilà les seules persécutions auxquelles soient exposés de nos jours les magiciens, cartomanciens, négromanciens, chiromanciens, et autres savans qui ont braqué leurs lunettes sur l'avenir. Nous sommes, quoiqu'on en dise, plus sages que nos aïeux, qui punissaient le succès, et condamnaient un sorcier lorsque ses sortiléges avaient réussi. Notre législation, conforme aux règles du bon sens, ne poursuit que les faux oracles, et l'on ne voit figurer à la police correctionnelle que les devins qui ne savent pas leur métier.

Il faut que ce métier-là n'exige pas des connaissances bien étendues, puisqu'en dépit du peu de célébrité qu'il donne, du peu de persécutions auxquelles il expose, tant de gens s'en mêlent. La crédulité est une mine inépuisable, que l'adresse exploite continuellement à son profit. Le patrimoine des sots est le revenu des intrigans. Je ne m'étendrai point aujourd'hui sur nos devins politiques, dont le temps se plaît à casser les arrêts ; je ne vous parlerai pas de ces sibylles à la mode, consultées par les gens à équipage, et dont les oracles se débitent à un prix raisonnable ; c'est d'une classe de sorciers moins brillante, que ma lettre a pour but de vous entretenir.

Les hommes sont curieux de leur nature. Cependant le pauvre, l'artisan, l'ouvrier sont plus pressés d'apprendre quand ils deviendront riches , que le riche de savoir quand il cessera de l'être. Les espérances données aux premiers sont plus dangereuses que ne pourraient l'être les craintes salutaires inspirées au second. Dans l'impatience d'atteindre au sort heureux qui leur a été promis , l'artisan , le pauvre , l'ouvrier tentent tous les moyens de se débarrasser de leur misère , et ces moyens-là ne sont pas toujours conformes aux lois exactes de la probité.

Je me promenais , il y a quelque temps , sur les boulevards du Temple , jadis le rendez-vous de la bonne compagnie de la capitale , aujourd'hui l'asile des plaisirs plébéiens. Cette promenade , autrefois si brillante , n'offrait à l'œil que l'amas confus des derniers rangs de la société , qu'une foule sans cesse renaissante d'artisans désœuvrés , d'ouvriers en goguette , dont le langage grossier , et parfois obscène , venait frapper désagréablement l'oreille. Après avoir perdu quelques instants à contempler cette réunion populaire , dont le spectacle affligeant m'inspira des réflexions qui trouveront leur place ailleurs , mes regards s'arrêtèrent sur deux femmes , dont l'une , gravement assise dans un tonneau , tenait à la main un paquet de vieilles cartes qu'elle expliquait à sa voisine. Cette dernière, le cou tendu, l'œil fixe, la bouche béante, les mains croisées sur sa poitrine, exprimait par ses gestes l'excès de sa confiance dans les oracles de la sibylle en plein vent. Je me glissai auprès d'elle. L'attention qu'elle prêtait à la sorcière ne lui permit pas de m'apercevoir. Je la reconnus pour une paysanne des environs de Roissy, dont j'ai souvent eu l'occasion d'employer le mari à ma campagne. C'était une femme d'une quarantaine d'années, dont la figure brunie par le soleil conservait encore quelques attraits de village. Son mari, beaucoup plus âgé qu'elle, l'avait épousée par amour. Depuis quelque temps seulement, il avait cru s'apercevoir que ce sentiment-là n'avait pas été mis en communauté dans le ménage.

Je ne sais si la sorcière avait envie de me séduire, ou si elle avait pour habitude de faire bonne mesure à ses pratiques ; mais elle se ruina en promesses brillantes. Jamais on n'a donné tant de bonheur à si bas prix ; elle assura la pauvre Marguerite qu'elle serait veuve au bout de six mois, et remariée à son garçon de charrue avant la fin de l'année : or, ce garçon de

charrue, représenté par le valet de trèfle, était
un jeune homme qui n'avait précisément que le
tiers de l'âge du mari. Cette promesse avait arraché un soupir à Marguerite ; il était difficile
d'en déterminer la cause.

Ce n'était pas assez d'un mari jeune ; la sorcière y joignit encore vingt ans de prospérité
domestique et de bonheur conjugal : elle se garda
bien d'oublier le dépit de la voisine, la trahi-
son dont on triompherait, la succession d'usage
laissée par un parent inconnu qui meurt dans
les îles pour avoir le plaisir d'enrichir une famille qu'il n'a jamais vue, et surtout les trois
numéros qui, au bout de quelque temps, finissent par gagner à une des cinq loteries. La
pauvre paysanne avait les larmes aux yeux ; elle
pressait machinalement les mains de la sorcière.
« Cette chère femme! disait-elle, en retirant de
la poche de son tablier de siamoise quelques
pièces de monnaie de cuivre, elle ne m'a pas
épargné le bonheur !..... Veuve et remariée au
bout de l'année !..... Enfin, quand il ne m'en
arriverait que la moitié, cela me donnerait patience pour le reste..... ; et je ne lui en devrais
pas moins de la reconnaissance pour tout le bien

qu'elle me veut. » Elle dit, remet à la sorcière
son modeste tribut, que celle-ci reçoit avec dignité, et s'éloigne, après lui avoir promis de lui
envoyer quelques-unes de ses amies, qu'elle lui
recommande avec instance.

Si le ridicule de ces prophéties en diminuait
le danger, si l'état de misère dans lequel vé-
gètent assez ordinairement ces donneurs de fortune garantissait ceux qui les consultent de la
confiance illégitime qu'ils leur accordent, je
me tairais sur un abus qu'il est plus facile de
signaler que de détruire ; mais le respect qu'inspirent à la faiblesse et à la crédulité ces promesses trompeuses, les suites fatales auxquelles
souvent elles donnent lieu, me font un devoir
d'appeler votre attention sur cette singulière
branche de commerce.

Revenue au village, le premier soin de Marguerite fut de rompre avec sa voisine, que la
sorcière lui avait désignée comme sa rivale.
Elle redoubla d'attention pour Bastien, qui, n'y
entendant pas malice, se fit aisément aux prévenances dont il était l'objet. Marguerite porta
ses épargnes au bureau de loterie de la ville
voisine, qui les échangea contre des billets qui

manquaient toujours de gagner. La certitude d'une riche succession la rendit moins économe, et augmenta les sujets de plainte du bonhomme Bertrand. Il tomba malade. Sa femme ne vit dans cet accident que le commencement des prédictions de la sibylle du tonneau. Certaine d'avance qu'elle ne pouvait sauver son mari, elle se dispensa des égards que réclamait sa position. Ayant à lutter contre l'âge, contre l'abandon de sa femme et les visites des médecins, le pauvre Bertrand donna en mourant une nouvelle créance aux oracles de la sorcière. Peut-être fût-elle restée constamment en honneur dans le village, si Bastien, qui pleura son maître avec une sincérité qui fit honte à sa veuve, n'eût, en épousant une jeune fermière des environs, donné un démenti formel à la prophétesse du boulevart du Temple. Le dépit de Marguerite s'exhala en regrets inutiles, en plaintes indiscrètes, qui n'ont été accueillies de personne. Elle s'accuse aujourd'hui, peut-être à tort, d'avoir par sa négligence contribué à la mort de Bertrand ; et cette pensée troublera le reste de sa vie.

Si une femme de quarante ans n'a pu se défendre d'ajouter foi à de semblables sottises, si elle a **réglé** sa conduite sur les espérances qui lui ont été vendues, que ne doit-on pas redouter de la crédulité de jeunes filles dont l'esprit reçoit avec avidité tout ce qui peut flatter leur amour-propre ? Ces oracles en plein vent sont plus dangereux qu'on ne pense. Les tolérer, c'est porter en quelque sorte atteinte à la morale. Il faut protéger le faible contre l'audace du fort et les ruses de l'intrigue. Ces bureaux de bonne aventure sont des filets tendus à la crédulité qui manque rarement de s'y prendre. Eh ! qui sait jusqu'où va l'influence du sort heureux qu'ils promettent à celui qui les interroge ?.... Cette jolie ouvrière, seul appui d'une mère infirme, poursuivie par les hommages du vice, défend encore son cœur contre les attaques réitérées de la flatterie ; les principes que reçut son enfance luttent encore avec avantage contre le tableau d'une existence uniquement vouée aux plaisirs... Poussée par un vain désir de connaître l'avenir qui lui est réservé, elle trouve un oracle sur son chemin ; elle le consulte en tremblant ; et le misérable qui lit sur le visage de la jeune fille les traces du sentiment qu'elle éprouve, persuadé que la fortune est le bonheur pour la beauté,

détruit, par l'assurance d'une brillante perspec-
tive, les derniers efforts d'une vertu mouran-
te ; il aplanit les obstacles opposés à la séduction, et corrompt, par la peinture des attraits
de l'opulence, ce jeune cœur dont l'innocence
fragile réclamait un appui tutélaire.

Le hasard m'a mis dans la confidence de
quelques événemens de cette nature, qui ne fe-
raient qu'ajouter à l'importance des réflexions
que pourra vous inspirer ma lettre. Vous vous
êtes déclaré le peintre et l'ami des mœurs : à ce
double titre, je vous devais l'envoi de ces observations. Je désire que leur publicité diminue
le nombre des croyans, et qu'elles éclairent
l'autorité sur les dangers de ces diseurs de
bonne aventure, qui souvent conduisent leurs
pratiques à de mauvaises actions.

Recevez, monsieur, l'assurance de ma haute
considération.

ADRIEN DE BLÉE.

Paris, le 24 octobre 1819.

Monsieur le Rôdeur,

La vie publique d'un guerrier, d'un magistrat, appartient à l'histoire. Grave et sérieuse, elle n'enregistre point les faits scandaleux dont se compose une partie de la vie privée de ses héros; elle rejette comme indigne d'elle ces détails piquans, ces anecdotes curieuses, qui cependant pourraient servir quelquefois de prélude et d'explication aux actions les plus extraordinaires.

Ces événemens que l'historien dédaigne deviennent la source féconde où l'imagination va puiser les mémoires particuliers, espèce de monumens souvent élevés à la honte de celui dont il rappelle les actions. Ces mémoires se grossissent de toutes les accusations vraies ou fausses, dont le personnage principal a été l'objet; et tout, jusqu'à l'éloge, y prend la couleur du blâme et le ton de la satire. Sous l'apparence trompeuse d'une louable impartialité, l'auteur accueille avec une égale faveur tous les renseignemens qui tendent à faire connaître l'homme célèbre qu'il s'est chargé de mettre à nu. Comme son désir est moins d'intéresser l'esprit que d'amuser l'oisiveté de ses lecteurs, il se montre rarement sévère dans le choix des moyens qu'il emploie pour parvenir à son but.

Le public dévore ces sortes d'ouvrages ; il saisit avec avidité l'occasion qui lui est offerte de pénétrer dans le mystère des réputations qu'il avait aidé à fabriquer lui-même ; il sourit complaisamment à la peinture des ridicules dont on couvre dès le lendemain ses idoles de la veille ; il sait gré à l'auteur de l'avoir débarrassé d'un reste de respect pour des noms que l'éloignement et les circonstances avaient grandis : et telle est l'inexplicable bizarrerie du cœur humain, que non-seulement on aime à dépouiller les personnages fameux de ces qualités brillantes qui en faisaient comme des hommes à part dans le monde, mais encore que, ne pouvant s'élever jusqu'à eux par la vertu, on éprouve une secrète jouissance à leur trouver des vices qui les rapprochent de nous.

L'auteur qui écrirait le plus convenablement des mémoires particuliers serait le personnage lui-même. Seul instruit des événemens de sa

vie, il est seul en état de les retracer avec fidélité, et de nous initier dans le véritable motif
de chacune de ses actions. De quelque confiance
qu'on honore ses amis, il y a toujours, dans le
cours de notre existence, des secrets dont on
leur dérobe prudemment la connaissance ; et
notre cœur, qui semble ouvert de toutes parts
à l'amitié, recèle toujours un petit coin honteux
où elle n'a jamais pénétré.

Mais si un sentiment de pudeur empêche
l'homme de se livrer lui-même à la censure de
ses contemporains, et nous prive du plaisir de
médire de lui avec son agrément et en sûreté
de conscience, il se trouve presque toujours des
écrivains, vivant de honte et de scandale, qui
n'attendent que le moment où un grand personnage tombe et rentre dans sa première obscurité, pour s'emparer de sa vie passée, et l'exploiter au bénéfice de la malignité. Les grands
déchus n'ont, pour ainsi dire, plus de rang
dans la société. Morts pour le monde, ils vivent déjà pour l'histoire. La postérité commence pour eux le lendemain de leur chute ;
ils assistent en personne aux premiers juge-
mens qu'elle porte d'eux, et ils peuvent au

moins se procurer le plaisir de lire et de recti-
fier ses arrêts.

Mais, monsieur, ce ne sont pas seulement
les heureux de quelques jours, les grands de
quelques heures, qui expient ainsi leur bonheur passager. Depuis plusieurs années on s'est
fait un malin devoir de fouiller dans les tom-
beaux, et de traduire sur la scène du monde,
pour les livrer au mépris, au ridicule, des réputations que le temps et le respect public
avaient consacrées. Les instances des familles
compromises par ces révélations scandaleuses,
n'ont pas toujours pu en arrêter la publication,
et ce n'est que l'or à la main qu'elles ont mar-
chandé ou obtenu le silence des éditeurs.

Cette fureur de dénigrement qui s'attache à
tout, et ne respecte ni le sexe, ni l'âge, ni le
rang, semble appartenir plus particulièrement
à notre époque. A chaque révolution nouvelle,
des mémoires secrets nous ont appris à mépriser
les vaincus. L'heureuse facilité de nos mœurs
a contribué à diminuer quelquefois l'importance
de ces sortes d'écrits; notre inconstance naturelle nous a permis de les oublier bien vite. Le
Français, doué de tous les sentimens généreux,

éloigne de sa pensée les impressions douloureuses : né pour l'amour et pour la gloire, ils ne peut haïr, ni mépriser long-temps.

Cependant, monsieur, malgré la facilité que nous avons à oublier, il nous reste toujours dans la mémoire quelque chose de l'impression défavorable qui résulte de la lecture de ces histoires scandaleuses. Ne serait-il pas possible d'établir sur les écrits de cette espèce une censure d'autant plus rigoureuse, que les personnages qu'ils outragent sont, pour la plupart, des hommes dont l'adversité s'est emparée, et qu'on accueille rarement les justifications du malheur.

La publication d'un de ces prétendus mémoires historiques vient d'occasioner, ces jours derniers, une scène affreuse qui a plongé dans une double désolation une famille estimable. Un de ces écrivains qui vivent de scandale a eu l'inconcevable légèreté de confier à la presse des bruits dénués de toute vraisemblance, qui outrageaient dans son honneur un honnête homme sur lequel le plus léger soupçon ne s'était jamais arrêté.

Dans des notes dont il se proposait, disait-il de faire des matériaux pour l'histoire, ce libelliste, que je ne nommerai pas, a eu l'impudence d'attribuer à M. de B......, qu'il croyait mort, une action infâme. Son ouvrage s'est imprimé à Paris, où M. de B... résidait depuis quatre ans, attaqué d'une maladie qui le conduisait lentement au tombeau. Le livre a d'abord circulé dans quelques-unes de ces maisons où une calomnie écrite a tout le poids d'une vérité prouvée. De mains en mains, il est parvenu jusqu'à M. de B..., qui l'a lu quelques jours avant sa mort, et n'a pu qu'ébaucher une réfutation qu'il a laissé à sa veuve. Celle-ci, empressée de réhabiliter l'honneur de son époux, s'est hâtée d'envoyer l'attaque et la défense à son fils, jeune homme de la la plus brillante espérance, alors en garnison à Saint-Malo. A peine ce dernier a reçu la lettre de sa mère, qu'il demande et obtient de son colonel un congé pour Paris. Il y arrive, et, avant même d'avoir vu ses parens, il court trouver l'auteur, le provoque en duel, persuadé qu'il n'y a pas de meilleure raison qu'un coup d'épée, et qu'il vaut mieux venger son père que de le justifier.

Le lieu du rendez-vous indiqué, les deux champions s'y trouvent ; les explications sont superflues. Le jeune homme, bouillant de colère, presse aveuglément son adversaire. N'écoutant que sa juste fureur, il précipite ses coups ; mais au moment où le ciel semblait se déclarer pour lui, il tombe blessé mortellement par la main qui avait déshonoré son père....

Le jeune de B...., épuisé par le sang qu'il perdait, eut encore assez de présence d'esprit pour prier qu'on le transportât ailleurs que chez sa mère ; il voulut indiquer la demeure d'un de ses oncles ; mais sa voix s'éteignit, et il fut impossible de savoir l'adresse de ce parent ; les témoins l'ignoraient : celui du jeune de B.... connaissait à peine la famille du mourant. On transporta d'abord le moribond dans une voiture de place. A peine y fut-il déposé, qu'il mourut entre les bras du chirurgien que par prudence on avait amené.

La douleur et l'embarras des témoins étaient au comble ; ils désiraient respecter les dernières volontés de la victime, et ne savaient comment s'y prendre pour y parvenir : chacun d'eux jugeait par lui-même du saisissement qu'éprouverait madame de B.... à la vue du cadavre de son fils, et l'on sentait combien il était important de la préparer à ce spectacle déchirant. Le fiacre cheminait lentement dans Paris ; il s'arrête enfin devant la porte de la maison de madame de B.... Le plus hardi conçoit l'idée de demander à la mère du défunt l'adresse de son beau-frère. Il monte, et trouve madame de B.... assise à une table de boston : elle se lève, et d'un ton plein de douceur et de politesse, elle indique à l'un des meurtriers de son fils la demeure de son oncle : elle fait davantage ; elle veut le faire accompagner par le plus jeune de ses enfans.... L'étranger s'y refuse ; elle insiste ; mais heureusement elle cède enfin aux représentations qui lui sont faites, et les meurtriers seuls se rendent à l'endroit désigné.

Le lendemain, l'horrible catastrophe fut rendue publique. Je ne vous peindrai pas la douleur de madame de B.... ; elle n'y survivra pas ; mais je ne puis m'empêcher de vous confier cette triste réflexion : le père n'est plus, son fils est mort en cherchant à le venger.... La calomnie existe, et peut-être l'histoire en héritera-t-elle quelque jour !

J'ai l'honneur d'être, etc.

Le baron d'A....

Lille, 16 octobre 1819.

MON CHER RÔDEUR,

J'AI dix-sept ans, vous devez en avoir de soixante-cinq à soixante-dix ; car, à la manière dont vous faites la guerre au temps présent, il est aisé de voir que vous êtes un homme du temps passé : nos goûts, nos caractères, sont loin de se ressembler, et cependant je guettais depuis long-temps l'occasion d'entrer en correspondance avec vous. Je ne blâme point vos opinions : elles sont le fruit de l'expérience, science très-respectable qui ne vaut pas ce qu'elle coûte : mais je me permettrai de vous reprocher d'accorder à la critique la première place dans la plupart de vos discours : c'est presque toujours pour nous dénigrer que vous trempez votre plume dans l'encre noire ; cela n'est pas généreux. Le monde est un bal où les vieillards s'arrogent le privilége des masques, parce qu'ils sont arrivés long-temps avant nous dans la salle : ils crient *haro* sur nous dès que nous y paraissons, et Dieu sait ce qui s'y est passé avant notre arrivée ! Tout fiers d'une jeunesse oubliée, ils censurent avec

amertume des fautes que peut-être ils ont commises autrefois ; et connue l'ignorance où nous
sommes de leur passé ne nous permet pas la
plus légère récrimination, ils en abusent impi-
toyablement.

Vous usez avec un peu trop d'orgueil de cet
avantage, mon cher Rôdeur. Vous nous parlez
raison, avec l'assurance d'un homme qui a
perdu la mémoire. Cela vous portera malheur :
prenez-y garde ; un de ces hasards que l'indiscrétion humaine rend aujourd'hui si communs,
nous mettra dans le secret des folies de votre
jeunesse. Les mémoires secrets de quelqu'un de
vos contemporains vous dépouilleront petit à
petit de cette réputation de sagesse qui ne s'est
peut-être élevée que sur les débris d'une autre.
C'est d'un accident de cette nature que je vais
vous entretenir aujourd'hui.

J'habite, avec ma famille, une de ces villes
de province où la bonne réputation inspire
presque autant de respect qu'une grande fortune : aussi ceux qui n'ont pas l'espoir d'un riche avenir se font-ils un devoir d'être probes.
Mes parens vivent dans une honnête aisance ;
j'en excepte cependant une grand'tante, qui ne

jouit plus que de la considération attachée à la
vertu : elle était l'oracle de la famille, ses moindres paroles étaient écoutées, retenues et citées
partout ; et moi-même, partageant l'admiration
dont elle était l'objet, je m'imaginais que ma
tante était venue toute parfaite au monde. Je
devais le croire, car la plus légère étourderie
prenait à ses yeux un caractère affreux, et se
trouvait punie par une conversation de deux
heures sur les sujets de morale qui s'offraient à
sa pensée. La réputation de ma tante était si bien
établie, que j'aurais défié la calomnie d'y porter
la moindre atteinte.

Jugez donc de ma surprise en parcourant les
mémoires de madame ***. Non-seulement le nom
de ma tante y est imprimé en toutes lettres,
mais sa vieille amie n'avait oublié aucun des détails de sa jeunesse, et faisait au public les honneurs de ses premières inclinations. J'allai tout
de suite les montrer à mon cousin Ernest, qui
n'en revenait pas, et ne fut pas moins étonné
que moi de trouver parmi les personnages les
plus gais de ces mémoires un de ses oncles
qui n'a pas toujours parlé raison. Ernest, que
le baron de W.... fatiguait de sermons édifians,

s'est amusé à prendre une copie des passages qui le concernaient, et dès le soir même il l'a communiqué à quelques-uns de ses amis. Depuis ce moment il a été moins docile aux remontrances, aux conseils de son oncle. Dans les commencemens il se contentait de lui répondre en fredonnant ces deux vers du prisonnier :

Il est un temps pour la folie ;

mais, poussé par ses camarades, il a remis sur le bureau du baron un exemplaire des mémoires indiscrets : celui-ci en a été furieux.

A la manière dont j'ai accueilli les avis de ma vieille tante, elle s'est aperçue que j'étais de moitié dans le secret ; elle a voulu parler sérieusement : je l'ai écoutée sans l'interrompre ; mais quand son discours a été terminé, je l'ai prévenue qu'ayant beaucoup de temps devant moi, je voulais en régler l'emploi, de façon à ce que la raison n'empiétât pas trop sur la folie.... Ma tante s'est contentée de lever les yeux au ciel et de soupirer : je l'ai quittée en riant.

Les mémoires secrets sont, en peu de jours, devenus à la mode dans notre petite ville ; et, grâce à leur indiscrétion, beaucoup de nos jeunes gens se sont trouvés dispensés de respect pour une foule de vieillards des deux sexes, qui depuis vingt-cinq ans avaient, par une conduite irréprochable, usurpé la vénération de la société.

Vous le voyez, mon cher Rôdeur, le temps présent, que vous dénigrez sans relâche, ne vaut pas moins que le temps passé ; et les mémoires secrets, publiés à propos pour la justification de notre siècle, en nous révélant les faiblesses de nos parens, les forceront à une indulgence raisonnable pour leurs enfans.

Recevez, etc.

Félicité MOTHEY.

N°. IX. — 10 *Décembre* 1819.

UNE MAUVAISE AFFAIRE.

> Cet homme qui noue plus d'intrigues qu'il n'en
> peut débrouiller, qui fait des mariages et des
> divorces, qui se rend redouté et nécessaire
> dans toutes les maisons, qui fait tout, qui est
> partout, n'est pas encore pendu; profitez du
> temps, cet homme-là vous tirera d'affaire.
> (VOLTAIRE, *l'Échange*, comédie.)

On ne doit jamais conclure du particulier au
général. Il serait injuste de décrier une profession par la seule raison qu'il se trouve parmi
ceux qui l'exercent des gens d'une probité douteuse; mais cette fièvre d'opulence qui s'est emparée de toutes les classes de la société, a singulièrement démoralisé certaines corporations.
Dans ce siècle où la fortune est presque une
dignité, le premier besoin d'un homme est d'ê-

tre riche : il n'y a point de vertu que l'argent ne remplace ; il n'y a point de vices qu'il n'ait le pouvoir d'embellir ou d'effacer.

Nous avons tant de respect pour la richesse, nous lui accordons une si haute place dans notre estime, qu'il n'est pas étonnant que tout le monde cherche à se faire estimer. Pressé d'y parvenir, on se montre peu difficile sur les moyens dont on fait usage ; et comme il s'agit d'arriver promptement, on prend d'ordinaire le chemin le plus court : ce n'est pas toujours le plus droit.

L'indulgence suit le succès, et le succès légitime les moyens. Ce qui est friponnerie quand on échoue, s'appelle esprit, adresse, quand on réussit. Nous avons beaucoup de personnes à qui la rapidité de leur fortune aurait pu faire quelque tort qui n'en passent pas moins aux yeux de tous pour de fort honnêtes gens, *suivant le Code pénal.* J'en appelle à cet huissier qui part pour sa campagne, à cet avocat qui revient de son château.

A propos d'avocats, l'autre jour on les passait en revue chez le vieux comte de M..... On citait des exemples de leur désintéressement d'autant plus édifians qu'ils étaient plus rares. La conduite de cet honnête défenseur qui, convaincu de la justice des réclamations de sa cliente, a exposé sa fortune pour défendre les droits du malheur, obtint des éloges unanimes sans traîner à sa suite quelques *si*, quelques *mais*, destinés à en diminuer l'effet; après avoir posé, comme règle générale, que le corps des avocats se distinguait par son esprit et ses lumières, par des principes d'une morale sévère, et par une conduite honorable, on passa aux exceptions; elles étaient en petit nombre; ce qui les fit ressortir davantage.

Une jeune femme qui paraît folle de la probité, et qui, dit-on, a de fortes raisons pour ne pas aimer son mari, signala au mépris de la société un homme qui a acheté à crédit son cabinet l'année dernière, et payé comptant une campage cette année-ci. A en juger par quelques anecdotes piquantes qu'elle eut la malice de nous raconter, cet avocat avait une prédilection singulière pour les mauvaises causes : c'est avec elles qu'il faisait de bonnes affaires; il était connu pour ne jamais désespérer son client, quelque fût la nature de son crime, ou l'incertitude de ses droits ; aussi son cabinet ne désemplissait pas : tant de gens ont affaire à la justice ! Ses consultations, que la plupart du temps il n'écrivait point, étaient encore plus chères que ses plaidoyers, qui eux-mêmes étaient hors de prix. Une classe d'accusés l'appelait sa providence. Fier des succès scandaleux qu'il surprenait à la justice, lui-même avouait ingénument qu'il ne pouvait revoir sans frémir les cliens qui venaient lui témoigner leur reconnaissance de les avoir sauvés. Qui n'eût cru, d'après de semblables détails, que jamais madame M.... n'aurait osé solliciter les secours de cet avocat, que nous désignerons sous le nom de Morinière ?

A quelques jours de là, une circonstance peu importante pour mes lecteurs me conduisit chez Morinière. Par une bizarrerie à laquelle mon âge ne permet pas qu'on donne une interprétation maligne, je fus contraint de me cacher dans une petite pièce qui touche à son cabinet. J'y étais depuis quelques minutes, lorsque, à ma grande surprise, je vois entrer madame M...., Les premiers mots qu'elle adressa à Morinière renfermaient un éloge pompeux de ses talens, de son caractère, peut-être même de sa probité ; il sourit comme un homme qu'on ne trompe pas sur la valeur d'un compliment. Il pria avec instance madame M.... de lui apprendre le motif de sa visite. Au ton douce-reux avec lequel il s'exprima, j'aurais parié qu'il l'avait déjà deviné. La jeune femme s'assit auprès de l'avocat, et alors commença le dialogue suivant, que j'écoutai avec une telle attention que je n'en ai pas perdu une parole.

« Ah ! monsieur, que les pauvres femmes sont à plaindre ! Ma famille m'a forcée d'épouser M. M..., pour lequel on supposait que j'avais du goût, parce que je recevais ses hommages avec plaisir ; comme si une jeune fille pouvait se dispenser de montrer quelque reconnaissance à l'homme qui la distingue ! Ce mariage n'a cependant pas été ouvertement malheureux. Je gémissais en silence sur les désordres de mon mari, qui a augmenté sa fortune par une foule de moyens que je n'approuvais pas ; mais, en qualité de mère, j'ai dû veiller soigneusement à ce que cette fortune-là revînt à mes enfans, et j'ai eu le bonheur de la leur conserver. Mon mari est un homme très-vif. Dernièrement il eut une querelle avec un de ses débiteurs, pour une signature que celui-ci ne voulut jamais reconnaître, quoiqu'à vrai dire elle eût un tel rapport avec la sienne qu'il hésita long-temps avant de se prononcer. Par suite de son refus, il a porté plainte, et l'on a arrêté mon mari. — On a arrêté monsieur votre mari. — Avant-hier. N'est-ce pas une horreur ? Un homme qui a cinquante mille francs de rente, arrêté comme un premier venu ! — Monsieur votre mari a cinquante mille francs de rente ? — Et sur quelle déposition encore ! Sur celle d'un simple marchand, dont je suis fort éloignée de dire du mal, mais qui peut bien avoir oublié une misérable signature. — Et la somme réclamée est-elle considérable ? — Une bagatelle ! Vingt-deux mille francs. Si M. M..... eût voulu me croire, il en aurait fait le sacrifice : on ne saurait trop payer sa tranquillité. — Ce serait l'acheter un peu cher. — Eh ! monsieur, comptez-vous pour rien le désagrément d'une captivité dont on ignore le terme, d'une procédure toujours incertaine ? Tenez, ces mots de tribunaux, de justice, me font frémir malgré moi. Il faut être tellement sûr de son innocence!.... — Ne seriez-vous pas sûre de celle de votre mari? — Pardonnez-moi, monsieur, je dois en être sûre, mais je n'en tremble pas moins. » Et sous prétexte d'écouter avec plus d'attention la suite d'un entretien dont était facile de prévoir le dénoûment, notre avocat se rapproche de sa jolie cliente; il interroge de l'œil tout ses traits, il l'intimide par ses regards, et lorsqu'il s'aperçoit que son secret va bientôt cesser de lui appartenir, il a l'air de recevoir avec indifférence l'aveu qui doit servir de base à ses prétentions.

C'est donc un fripon que ce marchand? dit-il à madame M.... — Je l'ignore: tout le monde dit que c'est un honnête homme, et voilà ce qui m'embarrasse! Aussi ai-je pensé que, dans un événement de cette importance, je ne devais choisir pour avocat à mon mari qu'un homme dont le savoir, l'éloquence.... — Vous dites, madame, que M. votre mari est riche?... — Pas au delà d'un million! — Je veux bien lui donner mes soins. — Ah! monsieur.... — Parce qu'il est impossible qu'avec une pareille fortune on soit coupable. — C'est ce que vous seriez bien aimable de persuader au tribunal. —

Je le persuaderai, n'en doutez pas. Cependant, s'il y avait quelque circonstance douteuse.... Ce n'est pas à nous qu'il faut rien cacher.... Un honnête homme peut avoir placé sa confiance en des gens qui ne le méritent pas, qui souvent même en abusent. — Mon mari connaît le monde ; il n'a de confiance en personne. — Alors c'est une absence.... — Une absence ! — Eh ! mon Dieu ! qui de nous n'a pas eu ses momens de distraction dans la vie ? — Quoi ! monsieur, vous oseriez soupçonner.... — Nous sommes obligés de tout savoir pour défendre avec plus d'avantage les intérêts qui nous sont confiés. — Est-ce qu'il vous est impossible de présumer que mon mari est innocent ? — Je vous demande pardon si j'insiste ; mais c'est une certitude que je désire acquérir. — Une certitude ! — Complète. — Vous me mettez dans une situation !... Je ne sais pourquoi je crains, en effet, que cette signature ne soit pas tout-à-fait.... Mon pauvre mari aime tant l'argent ! — Un peu de courage ; achevez. — Tenez, monsieur, défendez-le comme s'il était coupable : je crois, entre nous, que c'est le plus prudent. —C'était mon intention, dit Morinière en élevant un peu la voix. — Que vous êtes bon ! — Ceci devient sérieux, mais n'importe : j'ai l'habitude de ces sortes d'affaires... — J'espère que vous ne serez pas plus malheureux cette fois que vous ne l'avez été... — Il faudra des sacrifices. — Je m'y attendais, et je vous prie de recevoir.... — A quel degré d'avilissement nous conduit la soif des richesses ! murmura entre ses dents l'avocat, avec un air contrit. Se déshonorer pour pour vingt-deux mille francs ! Puis reprenant son ton d'aisance, il continua : — Nous aurons beaucoup de déboursés ; et je ne puis, en conscience, vous répondre de votre mari que suivant le prix que vous mettrez à sa liberté. — Lui-même m'a chargé de vous offrir dix mille francs. — C'est une plaisanterie ; il y gagnerait plus que moi. — Comment ? — Pardon de ma sincérité ; mais vous sentez qu'un procès de cette nature ne peut pas faire beaucoup d'honneur à l'avocat qui le défend : il ne saurait lui fournir l'occasion de briller, de montrer son talent dans un beau jour ; et c'est là ce que nous ambitionnons par-dessus tout, nous autres gens de loi. Quand le hasard nous force de renoncer à de si grands avantages, nous sommes obligés de chercher des dédommagemens dans un salaire proportionné au service que nous rendons. L'accusateur de votre mari jouit d'une réputation sans tache. — Mais il est peu riche. — Aussi n'éleverai-je pas mes prétentions au delà d'un taux honnête : je connais le respect que l'on doit au malheur ; mille louis sont le prix modique que je mets à l'innocence de votre mari.... — Mille louis, monsieur ! — Je n'ai pas la coutume de surfaire .» En disant ces mots, le visage de Morinière prit une teinte d'assurance qui fit sentir à madame M.... l'obligation où elle était de conclure un pareil marché. Après quelques débats, pendant lesquels Morinière prit tous les tons, devint tour à tour caressant et sévère, pressant et dédaigneux, les conditions furent acceptées de part et d'autre : on se sépara ; et dès le lendemain, les parens de l'accusé parlèrent un peu plus haut de son innocence.

L'affaire s'instruisit ; les charges se multiplièrent contre M. M..... Je fus curieux d'assister à l'audience ; et, certes, mon étonnement ne fut pas médiocre, lorsque j'entendis Morinière faire avec assurance un éloge pompeux des vertus et de la probité de son client ; lorsque je le vis repousser des preuves par des injures, s'attacher à diffamer son adversaire, à couvrir de ridicule un honnête homme qui avait le tort cruel d'avoir raison. Son plaidoyer avait excité mon indignation à un tel point, que j'ouvrais la bouche pour déposer de ce que j'avais vu, lorsqu'on annonça que le jury allait se retirer pour entrer en délibération.

Ce serait une fort belle institution que le jury, si tous les préfets en comprenaient l'importance, ou si l'impartialité présidait au choix des jurés ; mais de la façon dont tout cela s'arrange, je ne sais pas ce que nous avons gagné à cette nouvelle manière de juger, où l'on peut, et surtout dans les causes politiques, prédire l'absolution ou la condamnation d'un accusé à la seule inspection de la liste des jurés.

Ces messieurs entrèrent dans la salle des délibérations : on ferma la porte sur eux, et alors s'établit la discussion suivante, que j'ai sue plus tard par un des jurés qui était présent.

PREMIER JURÉ.

Voilà une séance bien longue ! J'avais ce matin des affaires importantes !... Savez-vous que c'est bien désagréable d'être juré ?

DEUXIÈME JURÉ.

Très-désagréable, surtout dans des affaires de cette nature... Je connais beaucoup l'accusé.

TROISIÈME ET QUATRIÈME JURÉS.

Vous le connaissez !.....

DEUXIÈME JURÉ.

C'est une espèce de fripon qui appartient à une excellente famille.

CINQUIÈME JURÉ.

Voyez-vous ça !

LE PRÉSIDENT.

Allons, messieurs, résumons-nous.

CINQUIÈME JURÉ, *au second.*

Quel âge peut-il bien avoir ce M. M.....?

DEUXIÈME JURÉ.

Vous l'avez entendu : quarante-deux ans.

CINQUIÈME JURÉ.

Je n'y avais pas fait attention.

PREMIER JURÉ.

Est-il marié?

DEUXIÈME JURÉ.

Il a une femme charmante, pleine d'esprit : elle était l'autre jour à l'opéra, dans la loge du comte de Clénord.

PREMIER JURÉ.

Ah! ah! cette jolie femme couverte de dia-mans!..... Elle est fort bien!..... Savez-vous que ce jour - là madame Albert a chanté comme un ange?

DEUXIÈME JURÉ.

Et Paul....., comme il a dansé!.....

QUATRIÈME JURÉ.

Moi, je ne peux pas souffrir l'opéra..... Je n'aime que le vaudeville, et la porte Saint-Martin depuis que Potier.....

LE PRÉSIDENT.

Messieurs, messieurs, résumons-nous.

PREMIER JURÉ.

Oui, voilà une heure que nous délibérons, et cela n'avance pas..... Moi, j'ai affaire à la bourse.

SIXIÈME JURÉ.

Vous y êtes allé hier..... Moi, je n'ai pas pu..... La rente s'est-elle maintenue?

PREMIER JURÉ.

Oui, on en a même fait, après la bourse, à 80 f. 85 c.

SIXIÈME JURÉ.

Ce sont les élections..... Savez-vous si votre beau-frère est nommé?

PREMIER JURÉ.

Je n'ai pas de ses nouvelles; j'en attends aujourd'hui.

SIXIÈME JURÉ.

Ce serait une excellente nomination..... C'est

4.   7*

un honnête homme, plein de moyens..... Il a beaucoup de famille!..... Ça pourrait lui être avantageux....., et par suite à son département.

PREMIER JURÉ.

Mon beau-frère est très-considéré!..... Il a une belle fortune du côté de sa femme..... Le ministère s'intéresse à lui..... C'est un homme très-bon pour ces sortes de fonctions. Ce n'est pas un grand parleur; mais il a été huit ans au corps législatif : il a l'habitude de siéger, et il connaît son affaire.

HUITIÈME JURÉ.

Messieurs, si nous nous occupions un peu de la nôtre.

TOUS.

C'est juste ; c'est parfaitement juste..... Voyons..... Où en sommes-nous ?

LE PRÉSIDENT.

Vous avez entendu l'acte d'accusation ?

SEPTIÈME JURÉ.

Il est parfaitement rédigé, bien écrit.

CINQUIÈME JURÉ.

Dam !..... l'habitude.

LE PRÉSIDENT.

Chacun de vous a bien saisi toutes les circonstances qui ont précédé, accompagné ou suivi le délit ?

TOUS.

Oui, président.

LE PRÉSIDENT.

Vous vous êtes bien pénétrés de la conduite de M. M..... et de ses motifs ?

CINQUIÈME JURÉ.

Nous sommes tous au courant de l'affaire.

LE PRÉSIDENT.

Vous avez vu de quelle nature sont les griefs reprochés au prévenu ?

CINQUIÈME JURÉ.

Il a refusé de payer 22,000 livres qu'il devait au plaignant.

SEPTIÈME JURÉ.

Du tout ; il a contrefait la signature du plaignant sur un billet.

LE PRÉSIDENT.

C'est-à-dire, sur une lettre de change.

CINQUIÈME JURÉ.

Oui, oui, c'est bien clair !..... J'y suis à présent..... Fausse signature sur une lettre de change..... J'avais confondu cette affaire - là avec une autre dans laquelle j'ai été juré il y aura bientôt deux ans !..... C'était une affaire fortement embrouillée..... Je ne sais pas comment cela s'est fait, mais nous nous sommes trouvés tous du même avis..... J'aime assez que cela se passe ainsi, parce qu'on ne reste pas long-temps.

LE PRÉSIDENT.

Vous connaissez le plaidoyer de l'avocat ?...

CINQUIÈME JURÉ.

Parfaitement..... Je ne sais pas, maître Morinière s'est mis en frais..... Il a été d'une longueur !.....

HUITIÈME JURÉ.

Eh ! messieurs, il ne s'agit point ici de causer de ses affaires ou de critiquer les actions des autres. Le ministère que nous sommes appelés à exercer est d'une tout autre importance. Notre opinion va décider du sort d'un homme : c'est à nous à chercher les moyens de nous éclairer mutuellement sur toutes les circonstances qui doivent servir à mettre au jour l'innocence ou la culpabilité du prévenu.

CINQUIÈME JURÉ.

C'est très-vrai, ce que dit M. Marchand.

QUATRIÈME JURÉ.

Quant à moi, messieurs, je suis bien aise de vous prévenir, avant d'aller aux voix, que, dans la crainte de condamner un innocent, je vote toujours en faveur de l'accusé.

DEUXIÈME JURÉ.

Dans cette affaire-ci il n'y a rien à craindre... Mais les opinions sont libres, et je respecte la vôtre.

SIXIÈME JURÉ, *au second.*

Vous avez donc des renseignemens bien positifs ?.....

DEUXIÈME JURÉ.

Je connais le plaignant et le prévenu. Le premier est un homme d'honneur ; le second , un homme d'affaires. Le premier a fait une fortune honnête en vingt ans ; le second a fait une fortune immense en dix-huit mois : l'un n'a jamais manqué ; l'autre a failli deux fois : enfin le plaignant n'a jamais vu flétrir son nom par un jugement, et le prévenu a déjà été condamné en police correctionnelle.

LE PRÉSIDENT.

En ce cas-là, messieurs, résumons-nous.

HUITIÈME JURÉ.

Un moment ! Ce ne sont là que des présomptions. Nous n'avons qu'une chose à examiner. M..... est-il coupable du faux dont on l'accuse ?

CINQUIÈME JURÉ.

Oui..... c'est cela..... Est-il coupable ?..... voilà la question.

NEUVIÈME JURÉ.

Il ne me reste aucun doute sur le crime ; mais, messieurs, j'ai quelques observations à vous présenter.

PREMIER JURÉ.

Dépêchons : voilà l'heure de la bourse qui approche; j'ai des rentes à acheter.

NEUVIÈME JURÉ.

Il s'agit d'une vingtaine de mille francs qui, j'en ai la conviction intime, seront remboursés au plaignant à la sortie de l'audience.

CINQUIÈME JURÉ.

Alors, il est coupable.....

NEUVIÈME JURÉ.

Que pouvons-nous exiger de plus ? Le tort est réparé..... Je sais que les lois ne fléchissent pas devant une telle réparation, qui d'ailleurs arrive un peu tard ; mais réfléchissez bien, messieurs, que notre décision va porter le désespoir dans une famille respectable.

HUITIÈME JURÉ.

Cette considération ne saurait nous arrêter. Les fautes sont personnelles, et l'on devient, en quelque sorte, complice du crime quand on épargne le criminel. Nos devoirs envers la société passent avant tout. Nous sommes comptables à nos concitoyens de tout le mal qui résulterait de notre indulgence. C'est précisément parce que M. M..... est placé dans une classe où il a reçu les premiers bienfaits de l'éducation, c'est parce que sa fortune est assurée, que je serai plus sévère envers lui : il n'a pour excuse ni l'ignorance, ni le besoin. Quelle que soit la peine que nos lois infligent au délit dont il est convaincu à mes yeux, je ne balancerai point à le déclarer coupable.

NEUVIÈME JURÉ.

Comment pouvez-vous vous emporter ainsi ?..... Songez donc à sa femme !.....

HUITIÈME JURÉ.

C'est un malheur !.....

NEUVIÈME JURÉ.

Elle est on ne peut plus intéressante.....

HUITIÈME JURÉ.

Je la plains de toute mon âme; c'est tout ce que je puis.

NEUVIÈME JURÉ.

M..... a des parens très-bien placés, et desquels nous pouvons un jour réclamer la protection..... Son beau-père est un honnête homme que notre décision fera peut-être mourir de chagrin.

CINQUIÈME JURÉ.

C'est très-juste.....

NEUVIÈME JURÉ.

Et puis, dans ces affaires d'argent, on n'est jamais sûr de rien!..... Ces écrivains experts se trompent quelquefois.....

HUITIÈME JURÉ.

Tout cela est à merveille; mais moi qui

juge avec ma conscience, je déclare M. M.....
coupable.

QUATRIÈME JURÉ.

Moi, vous connaissez mon opinion..... je n'en change jamais..... Boule blanche.... A tout hasard ; cela ne compromet personne.

NEUVIÈME JURÉ.

Par égard pour sa famille, non coupable.

PREMIER JURÉ.

Par respect pour la société, coupable.

NEUVIÈME JURÉ.

Messieurs, il est impossible que nous procédions ainsi : par grâce, un peu moins de sévérité !.....

PREMIER JURÉ.

Je ne transige point avec mes devoirs...... Coupable.

NEUVIÈME JURÉ.

Et qui vous dit qu'il ne l'est pas ?..... Il l'est pour vous, pour moi, pour nous tous...... Mais nous pouvons d'un seul mot faire qu'il ne le soit pas aux yeux du public..... Que vous en reviendra-t-il de condamner cet homme-là?.... Vous aurez rendu une famille malheureuse, vous aurez déshonoré de braves gens, arrêté un homme au milieu de sa carrière!..... Croyez-moi; c'est une forte leçon que celle qu'il reçoit aujourd'hui : elle suffira pour le corriger!..... Avec le temps, M. M.... peut devenir un honnête homme; tandis que si nous l'envoyons aux galères, s'il est flétri publiquement, vous lui fermerez tout retour à la vertu.

CINQUIÈME JURÉ.

Ma foi!..... moi je ne sais plus que dire.....

LE PRÉSIDENT.

De grâce, messieurs, résumons-nous, je vous en prie. Le temps se passe, et moi, qui ne vous ai rien dit jusqu'alors, j'ai des affaires extrêmement pressées : je dîne à la campagne, et je voudrais partir de bonne heure.

TOUS.

C'est très-naturel !

Le bruit et la discussion recommencèrent de nouveau : chacun soutenait avec opiniâtreté son sentiment, et cherchait à le faire partager à ses collègues. Le président essaya quelques observations qui glissèrent sur l'esprit de ses auditeurs : la majorité était prête à déclarer l'accusé coupable ; mais les prières, les supplications du neuvième juré firent enfin changer l'opinion du premier, qui désirait, à toute force, voir finir la séance pour aller à la bourse. Il consentit à passer du côté de l'indulgence ; et le jury, partagé par moitié, prononça l'acquittement du coupable..... C'est un grand inconvénient, sans doute, que ces égards pour la fortune, pour le rang, pour la famille, qui se glissent jusque dans le sanctuaire de la justice ; mais l'absolution d'un criminel pèse moins sur la conscience que la condamnation d'un innocent. Les jurés dorment avec plus de tranquillité que les juges.

A quelques jours de là je revis Morinière, et je le félicitai du triomphe qu'il avait remporté sur la justice..... Tout s'est fort bien passé, me répondit Morinière, dont la figure n'éprouva pas la moindre altération ; vous avez

vu la peine que j'ai ressentie à me charger
d'une pareille cause? Mais un honnête homme
doit vaincre sa répugnance , lorsqu'il s'agit d'en
servir un autre, et il doit tenir rigoureuse-
ment à la parole qu'il a donnée. Mon honneur
était engagé dans cette circonstance. J'avais
promis la liberté de M..... ; j'ai dû travailler en
conséquence. Son adversaire a été désintéressé
d'avance : j'ai eu soin de le faire savoir au
jury , afin de le porter à l'indulgence..... Mon
cher Rôdeur, je suis fâché d'être obligé d'en
convenir : on ne se retire guère au barreau
que sur les mauvaises affaires ; et celle-ci
m'en vaudra beaucoup d'autres , ajouta-t-il en
me reconduisant jusqu'à son antichambre, où
l'attendaient effectivement un grand nombre de
nouveaux cliens.

N°. X. — 2 *Décembre* 1819.

L'EXILÉ,

ou

LES DEUX ÉPOQUES.

> Elle fuit et revient. Elle place un mortel
> Hier sur un bûcher, aujourd'hui sur l'autel.
> (RHULIÈRE.)

On ne tire pas des coups de fusil aux idées, a dit quelque part un écrivain de beaucoup d'esprit (1), qui pensait que le raisonnement était la seule arme que l'on dût employer pour combattre l'opinion; mais depuis trente ans nous n'avons eu que trop souvent l'occasion de voir que l'on redressait l'opinion à coups de sabre, et qu'on faisait la chasse aux hommes en déclarant la guerre aux idées.

Dans les commencemens de la révolution, on

____

(1) *Rivarol.*

persuada aux gens de qualité qu'il y avait du courage à fuir le danger, et que l'on parviendrait à sauver la monarchie en abandonnant le le roi. Une foule de grands seigneurs se hâtèrent de quitter la France, et de petits gentilshommes s'empressèrent de marcher à leur suite. L'émigration fit fureur. La mode gagna jusqu'aux classes bourgeoises. D'honnêtes habitans bien obscurs, bien ignorés, s'imaginèrent trouver dans la fuite un moyen de s'illustrer; ils firent leurs paquets, et comme, d'après le sentiment de la plupart de ceux qui partaient, il ne s'agissait que d'un voyage de six semaines au plus, beaucoup de gens négligèrent de terminer leurs affaires avant de passer la frontière, Dieu sait comme la plupart les trouvèrent au retour !

M. Darville, riche bourgeois de Paris, avait un fils sur lequel reposaient toutes ses espérances. Le jeune Hippolyte Darville avait fait ses études au collége *Duplessis-Sorbonne*, fondé en 1322 par le sieur *Balisson*, secrétaire de Philippe-le-Long : il avait eu pour camarade le neveu d'un des premiers seigneurs de la cour, le vicomte de Pontavis, qui étudiait sous un précepteur à ses ordres. Les deux jeunes gens s'étaient liés ensemble. La conformité de leur âge, de leurs goûts, avait fini par établir entre eux une intimité qui ressemblait à de l'amitié. M. Darville père était lui-même flatté de voir son fils en liaison ouverte avec la famille d'un des courtisans les plus recommandables. C'était une protection toute-puissante, à l'ombre de laquelle son fils pouvait parvenir à s'élever un jour aux plus hautes charges de finance. L'ambition de M. Darville n'allait pas plus loin que la ferme générale.

Hippolyte, qui passait sa vie au milieu des grands, partagea bientôt leur folie. Le vicomte de Pontavis avait décidé toute sa famille à s'expatrier; il avait contraint ses plus petits enfans à le suivre. Hippolyte se crut obligé d'être de la partie. Son amitié pour Édouard de Pontavis avait influé sur ses jeunes opinions politiques; il voyait avec un invincible effroi les premiers succès de la révolution. Les prétentions du tiers état le révoltaient; et, dans les courtes apparitions qu'il faisait à la maison paternelle, il avait de fréquentes disputes avec ses parens, dont les idées n'étaient point aussi élevées que les siennes.

M. Darville père combattit long-temps la résolution de son fils ; il lui représenta qu'il y avait quelque ridicule à prendre parti dans une cause qui n'était pas la nôtre ; il essaya de lui démontrer que dans le cas où l'on supposerait que la couronne de France fût en danger, il y avait plus de véritable courage à la défendre de près que de loin. La noblesse, disait M. Darville, est le premier rempart de la monarchie ; elle doit au roi le généreux sacrifice de sa vie ; elle ne doit point songer à sa sûreté particulière tant qu'elle peut craindre la moindre chose pour le souverain ; et puisqu'elle affiche dans ce moment des terreurs qui, sans doute, sont imaginaires, son devoir est de chercher à les dissiper par sa présence, par ses efforts : en fuyant elle s'isole du trône, et livre alors le monarque sans défense aux projets des factieux, si tant est vrai qu'il y ait des factieux qui méditent le bouleversement de l'état. Ces réflexions, qui ne manquaient pas d'une certaine lueur de bon sens, ne firent aucune impression sur l'esprit d'Hippolyte. Il supplia son père de ne point s'opposer à son départ. C'est un voyage d'agrément qui peut être utile à mon instruction, à ma fortune

4.   8

à venir, répondait-il. Nous ne serons absens que deux ou trois mois; cette émigration fera ouvrir les yeux au roi; nous reviendrons avec quelques régimens, mettre à la raison cette troupe de mutins qui a osé s'élever contre des priviléges consacrés par des siècles. Mais, mon ami, répliquait avec douceur M. Darville, si cette troupe de mutins est si facile à réduire, pourquoi implorer le secours des étrangers? pourquoi ne pas couper le mal dans sa racine? pourquoi ne pas imposer, par une attitude ferme, aux rebelles et les faire rentrer dans le devoir, dont, suivant vos principes, ils se sont écartés?... Cette conduite serait conséquente! Le jeune Darville ne répondait aux observations de son père, qu'en lui témoignant de nouveau le désir de suivre les Pontavis dans l'étranger. M. Darville céda aux importunités de son fils; mais comme il prévoyait que le retour serait moins prochain que ces messieurs le croyaient, il ouvrit à son fils un crédit de trente mille francs sur les maisons de ses correspondans de Vienne et de Hambourg.

Quelques anciens amis de la maison Darville cherchèrent, mais inutilement, à dégoûter Hippolyte de son voyage. Le vieux duc de M..., qui ne concevait rien à cette fureur d'émigration, tenta de détourner les Pontavis, qui étaient ses parens, du projet de quitter la France ; mais il ne put y parvenir. Le jour du départ fut fixé, et la famille se mit en route pour l'étranger.

On voyagea aussi gaiement que s'il se fût agi d'une partie de plaisir. Pendant toute la route, il ne fut question que du brillant accueil qu'on allait recevoir, et du prompt retour qui devait le suivre : on s'étendait, avec complaisance, sur les châtimens qu'on ferait subir à cet essaim de rebelles qui formaient de si injustes préten-tions, et l'on se promettait de museler le peu-ple de telle façon, qu'il ne lui fût plus possible d'ouvrir la bouche pour se plaindre.

Hippolyte était choyé, caressé par la famille : on le félicitait du discernement qu'il montrait dans un âge si tendre ; on louait la noblesse de ses principes, la pureté de ses opinions. Le vicomte de Pontavis s'était déclaré son protecteur, son guide ; il avait promis au jeune Darville une compagnie dans un des régimens que le Roi le prierait sans doute d'accepter au retour. En at-tendant, il l'engagea à servir, en qualité de volontaire, dans l'armée des princes. Hippolyte, enchanté de trouver l'occasion de prouver à la fois son courage et sa reconnaissance, accepta l'engagement qu'on lui proposait, et dès que l'on eut organisé l'armée de Condé, il fut inscrit en tête d'une des compagnies d'élite.

Les affaires de France prirent une tournure beaucoup plus sérieuse que ne l'avait pensé la famille Pontavis. Hippolyte, auquel son père écrivait toutes les fois qu'il pouvait trouver une occasion sûre pour lui faire parvenir ses lettres, apprenait, avec chagrin, les progrès des novateurs et les déchiremens de sa patrie. Son père le sollicitait de retourner en France ; mais un faux point d'honneur lui faisait rejeter ses prières ; il n'osait abandonner les Pontavis, qui, malgré les événemens, se berçaient toujours de l'espoir qu'ils mettraient bientôt le peuple à la raison, et la certitude avec laquelle ces derniers s'exprimaient faisait souvent douter au jeune Hippolyte de la fidélité des récits de son père.

La confiscation des biens d'émigrés fut ordonnée. La famille Pontavis reçut cette nouvelle dans le silence du désespoir : aucun des membres qui la composaient n'avait prévu un semblable malheur. Hippolyte apprit de son père qu'il avait été obligé de diviser ses biens , et de mettre à la disposition de l'État la portion de la succession de sa mère , à laquelle il avait droit ; mais cet excellent père , qui avait si franchement combattu les désirs de son fils , qui le voyait avec douleur persister dans le projet de rester étranger à sa patrie , ne voulut point le priver d'un héritage dont une loi injuste venait de le dépouiller. Il envoya à Hippolyte une somme égale à l'estimation qu'on avait faite de la portion de ses biens , dont la nation s'était emparée.

Les riches domaines de Pontavis furent achetés par d'anciens fermiers qui avaient fait une petite fortune au service de leurs maîtres. Ils morcelèrent ces immenses propriétés, pour les revendre plus facilement ; car ils les avaient achetées à bas prix , et jamais il ne leur vint dans l'idée de les exploiter comme par le passé, afin de les rendre un jour à ceux qui les avaient autrefois possédées.

Le peu d'argent dont la famille s'était munie en partant était épuisé : on avait eu recours , jusqu'alors , à des emprunts dont le remboursement était hypothéqué sur les grandes propriétés des Pontavis; mais quand le décret de confis-cation fut connu, nos émigrés virent diminuer leurs ressources, et ne trouvèrent plus de prê-teurs. Quelques succès obtenus par l'armée de Condé venaient, de temps à autre, ranimer leurs espérances; mais les conquêtes des armées françaises devinrent en peu de temps si rapides, si brillantes, si nombreuses, qu'elles firent éva-nouir les vains projets de vengeance qui avaient été si follement conçus.

Les persécutions de toute espèce commencè-rent alors pour les émigrés; une loi de sang les condamna à mort, dans le cas où ils cherche-raient à respirer l'air de leur patrie; et non con-tent de les bannir à jamais du pays qui les avait vus naître, on les poursuivit dans la personne de leurs parens, on les punit dans la mort de ce qu'ils avaient de plus cher. Un gouvernement anarchique, qui s'était élevé sur l'échafaud de Louis XVI, voulut rendre la Victoire complice de ses crimes, et la contraindre à déchirer le rideau de gloire que nos guerriers étendaient aux frontières, pour cacher les maux affreux qui dé-solaient la France. On mit le glaive du bourreau dans la main du soldat. Le vaincu ne devait plus s'attendre à trouver dans son vainqueur qu'un assassin immolant de sang - froid, après la bataille, l'ennemi qu'avait respecté la fureur des combats.

Hippolyte, en proie à tous les malheurs qui assiégeaient ses compagnons d'infortune, regrettait de n'avoir point suivi les conseils de son père. Il avait appris indirectement que M. Darville, devenu suspect au gouvernement, par la modération de ses opinions politiques, et par l'attachement qu'il conservait à son fils, avait été emprisonné pendant plusieurs mois, et n'avait échappé à la mort que par la protection de son cordonnier, qui était devenu une puissance. Vingt fois le jeune Darville essaya inutilement de repasser en France ; il ne lui restait plus rien des différentes sommes que son père lui avait envoyées, parce qu'il s'était fait un plaisir de partager sa petite fortune avec la famille Pontavis. Grâce à de pareils sacrifices, et surtout au silence qu'il gardait sur sa correspondance avec son père, qui faisait toutes les démarches possibles pour obtenir sa radiation, Hippolyte vivait en paix avec les Pontavis ; mais comme il avait cessé de partager leurs opinions exagérées,

comme il ne joignait pas ses malédictions à celles
que le vicomte prononçait sur la France, il en
était résulté que ses anciens protecteurs s'étaient
un peu refroidis à son égard : l'amitié d'Édouard
elle-même avait un peu perdu de sa vivacité de
collége.

L'état déplorable de la France ne pouvait du-
rer. Un homme vint qui détrôna l'anarchie : il
ne ferma pas le temple de Janus, mais il ouvrit
les prisons ; et du moins le sang ne coula plus
que sur les champs de bataille.

Tous les gens honnêtes, lassés des horreurs
de la guerre civile, se rallièrent à lui, parce
qu'ils crurent voir dans la force de son génie,
dans l'ascendant de sa puissance, la certitude
d'une administration réparatrice, le gage d'un
gouvernement ferme, qui nous ramenait à la
paix par sa volonté, à la stabilité par sa modération.

Avec quelle joie Hippolyte apprit la nouvelle
de ce changement ! Il courut sur-le-champ en
faire part à ses amis, qui ne partagèrent pas ses
transports; ils avaient perdu tout désir de revoir
la France, et surtout la France républicaine.
Édouard avait pris du service dans les armées

de l'empereur d'Allemagne ; il ne regardait plus la France comme sa patrie, mais comme un gouvernement avec lequel son nouveau souverain était en guerre ; et, d'après cette façon de penser, le bonheur de son premier pays lui était tout-à-fait indifférent.

L'autorité consulaire reçut un nouvel éclat du succès de la bataille de Marengo. Bonaparte, qui voulait attirer à lui ceux que ses prédécesseurs avaient si injustement proscrits, autorisa la rentrée d'un grand nombre d'émigrés. Peu de jours suffirent à M. Darville pour obtenir le retour d'Hippolyte ; il se hâta de l'en prévenir, et de le presser de revenir. Ce bon père se faisait une joie de revoir son fils bien-aimé : sa présence était un bonheur dont il était privé depuis de longues années, et ce fils avait constamment été l'objet de ses premières et plus douces affections paternelles.

Tout entier au plaisir de revoir son vieux père, de répandre quelques fleurs sur les derniers jours de sa vie, Hippolyte prit congé du vicomte de Pontavis et de toute sa famille. On le plaisanta beaucoup sur l'empressement qu'il mettait à retourner en France. Édouard le chargea de quelques complimens insignifians pour d'anciens amis de collége , qu'il supposait être toujours restés dans la bonne voie. Des deux côtés , les adieux furent tristes et froids. Le vicomte força le jeune Darville d'accepter une obligation de la somme qu'il avait si généreusement prêtée à ses compagnons d'exil.

Près de dix ans s'étaient écoulés depuis qu'Hippolyte avait passé la frontière. La France avait entièrement changé de face , et chaque instant lui procurait une surprise nouvelle. Le désir qu'il avait de se trouver bientôt dans les bras de son père l'empêcha de donner une attention suivie à tous les établissemens qu'il rencontrait sur sa route. Il n'avait qu'une pensée. Plus il approchait de Paris , plus son impatience redoublait : enfin il découvre au loin le dôme des Invalides. La voiture , dont il accuse la lenteur , franchit avec rapidité la barrière ; elle ébranle de son poids le pavé de la Capitale : encore quelques minutes , Darville sera dans les bras de son père. Pauvre Hippolyte ! il est loin de s'attendre au spectacle qui va déchirer ses regards.

A peine sorti de la diligence , notre jeune voyageur se dirige vers la maison paternelle ;

un frémissement involontaire le saisit en passant le seuil de la porte ; il éprouve un serre-
ment de cœur qu'il attribue à l'émotion que
lui cause le plaisir de revoir le lieu qui fut son
berceau. Que demandez-vous ? s'écrie une petite voix cassée qui n'est point celle de l'ancien
portier. — M. Darville, répond Hippolyte, en
faisant tous ses efforts pour cacher le trouble
qui l'agite. — Au premier, sur le devant ; mais
dépêchez-vous, si vous voulez le voir encore.
— Comment ? — D'ou venez-vous donc, pour
ignorer que monsieur est malade, très-ma-
lade ? Voilà huit ou neuf ans que le chagrin le
mine ; il n'a jamais pu se consoler de l'absence
de son fils ; il a été obligé de se mettre au lit la
semaine dernière, et l'on craint bien qu'il n'en
relève pas. — Que dites-vous ? Quoi ! mon
pauvre père ? — Ah ! ciel ! vous êtes son fils,
ce fils qu'il attend avec tant d'impatience, et
qu'il demande tous les jours au bon Dieu de
pouvoir embrasser encore une fois avant que
de mourir !..... Montez, montez vite, mon
cher monsieur ; car je ne vous le cache pas, le
médecin a dit que M. votre père ne passerait
pas la journée, et vous arrivez comme un coup

du ciel, pour recevoir son dernier soupir!.....
Qu'on juge de la situation d'Hippolyte !

L'infortuné ne sait plus à quoi se résoudre.
S'il n'écoutait que son cœur, il volerait au chevet du lit de son père expirant; mais il craint
que l'émotion trop forte que va recevoir ce bon
vieillard, ne hâte le moment de sa mort. Il
monte cependant, en tremblant, l'escalier qui
conduit à la chambre de M. Darville; il traverse les différentes pièces qui la précèdent,
sans que personne se soit seulement inquiété de
son apparition; il se glisse à travers la foule
d'amis qui entourent le lit du moribond : un
seul l'a reconnu, il s'avance sur-le-champ vers
Hippolyte, un doigt sur les lèvres, afin de l'engager au silence. Touché de son état, il le force
à s'asseoir, et s'assied lui-même auprès de lui.
Pour adoucir l'effet du coup qui va le frapper,
il lui prodigue ses soins, ses consolations; il
cherche à combattre l'affreuse idée qui s'est
emparée de l'esprit d'Hippolyte, qu'il est la
seule cause de la mort de l'auteur de ses jours.

Tout à coup, au silence morne qui régnait
dans l'appartement, succède un léger bruit.
Le digne vieillard ouvre les yeux, et d'une

voix presque éteinte, demande son fils. Hippolyte, inondé de larmes, ne peut résister au
sentiment qui l'oppresse; il se lève, se précipite à genoux près du lit de son père et couvre
de baisers la main décharnée du mourant.....
Mon père! mon pauvre père! sont les seuls
mots qu'il fait entendre à travers ses sanglots.
Un rayon de plaisir ranime les regards de
M. Darville; un sourire presque imperceptible
agite ses lèvres décolorées; sa main presse légèrement celle de son fils; il soulève avec effort
sa tête appesantie, le contemple avec amour;
son visage, flétri par la souffrance, s'épanouit,
et reprend un instant l'empreinte du calme, du
bonheur; sa bouche murmure lentement ces
mots : O mon Dieu!..... je meurs content!.....
Soudain ses yeux se ferment, et son âme s'en-
vole au céleste séjour.

On eut toutes les peines du monde à éloigner Hippolyte des restes inanimés de son père.
La douleur qu'il ressentait de sa perte était si
profonde, que, pendant quelques jours, on
craignit pour sa vie. Il se rétablit; mais seul,
sans parens, et presque sans amis, Darville
résolut d'expier noblement ses erreurs, et de

consacrer son existence à défendre la patrie contre laquelle il avait eu le malheur de porter les armes. Fier d'associer son nom aux exploits glorieux de ses concitoyens, il demanda et obtint du service. Il eut bientôt l'occasion de se distinguer, et, à la première campagne, un sabre d'honneur attesta son courage.

Le consul, dont l'ambition croissait en raison de ses victoires, revêtit la pourpre impériale. En s'emparant de la révolution, il crut la soumettre et la terminer. Fort de l'assentiment d'une nation qu'avaient épuisée les guerres civiles, et qu'il venait d'éblouir par des succès inouïs, il comprima publiquement tous les partis ; mais en secret il chercha les moyens de les satisfaire. Il appela autour de sa personne les anciens noms et les nouvelles fortunes ; il s'entoura également de ceux que nos troubles avaient enrichis, et de ceux que nos désordre avaient dépouillés. Napoléon enfin embaucha les hommes de toutes les opinions, et se mit au niveau de toutes les ambitions subalternes. Le nouvel empereur ouvrit les portes de ses antichambres aux gentilshommes et aux jacobins ; il fit des comtes avec d'anciens ducs, des chambellans avec des Montmorenci ; il affubla de dignités les apôtres de la révolution, et étouffa sous des titres les vétérans de la république. Les dignités attachaient ces hommes à la nouvelle monarchie, par le lien puissant de l'amour-propre, et les titres déguisaient honorablement des noms malheureusement célèbres. Le duc de P....., le prince B....., le duc d'O....., firent bientôt oublier le citoyen C....., l'évêque d'A..... et le proconsul F.....

Darville était parvenu, par sa bravoure, au grade de colonel : une croix et un titre de baron avaient été la juste récompense de ses bons et loyaux services. Époux d'une femme charmante, il vivait honoré, chéri, estimé de tous ceux qui le connaissaient ; il ne pensait plus à ses anciens compagnons d'émigration, lorsqu'un jour il reçut une lettre timbrée de Vienne..... La seule vue de ce timbre fit tressaillir son cœur. Édouard se rappelait à son amitié ; il lui annonçait la mort d'une partie de sa famille, et finissait par réclamer la protection d'Hippolyte, pour obtenir la permission de retourner en France. « Tant que le gou-

vernement français, disait Édouard de Pontavis en terminant sa lettre, a conservé les formes
républicaines qu'il tenait de la révolution, j'ai
dû renoncer à mon pays ; mais aujourd'hui
qu'il revient à des institutions sages, à des
principes monarchiques ; aujourd'hui qu'un
trône s'élève entouré de gloire, qu'une nouvelle noblesse s'organise, et que l'ancienne
reprend ses droits auprès d'un conquérant
illustre, il ne m'est plus permis de bouder
ma patrie..... Aidez-moi donc, mon cher
Darville ; sollicitez mon retour : je me trouverai trop heureux d'offrir au héros qui gouverne
la France, mes vœux et mon épée. J'ai quelques droits de compter sur votre amitié : vous
devez voir, à la démarche qu'elle m'inspire,
combien j'ai de confiance en elle. »

Les démarches d'Hippolyte suivirent de près
la demande d'Édouard. Au bout d'un mois, il
fut assez heureux pour annoncer à son ancien
ami de collége, que l'empereur acceptait ses
services, et par conséquent autorisait son retour.
Aussitôt la réception de cette lettre, de Pontavis se mit en route. Il arriva à Paris, et sa première visite fut pour l'ami auquel il devait tout.

Édouard était spirituel et prudent ; il préféra les fonctions civiles aux services militaires. Quelque temps après son retour, il fut fait chambellan, ensuite préfet. L'empereur ne pouvant lui rendre ses biens, qui avaient tous été vendus, lui donna ceux d'un parent éloigné des Pontavis, qui vivait dans la plus profonde misère en Allemagne, parce qu'il n'avait voulu acquiescer à aucune des propositions qui lui avaient été faites par le gouvernement pour revenir en France. Édouard reçut avec beaucoup de reconnaissance ce don de la magnificence de l'empereur ; et lorsqu'Hippolyte vint le féliciter sur ce commencement de fortune, il lui répondit : Les biens que je tiens de la générosité de mon auguste monarque sont sans doute plus considérables que ceux que j'ai perdus. Attaché de cœur à sa personne, j'ai dû les accepter pour lui prouver mon dévouement. — Mais le comte d'Osmille à qui ils appartiennent végète dans l'indigence. — C'est l'ennemi de mon souverain. — Il me semble, mon cher Pontavis, qu'en héritant de ses biens, sur lesquels vous n'aviez aucune espèce de droits, vous avez dû prendre, avec vous-même, l'engagement d'apporter quelque soulagement à la misère de votre parent. — Y pensez-vous, Hippolyte? Moi, j'irais trahir les intentions généreuses de l'empereur, en fournissant à l'un de ses plus ardens ennemis de nouveaux moyens d'alimenter la haine qu'il lui porte! je contribuerais, par ma faiblesse, à nourrir l'exaspération du comte d'Osmille! Non, je ne donnerai pas cet exemple d'ingratitude. Mon parent sera, tôt ou tard, instruit des bontés de Napoléon à mon égard; il rougira alors d'avoir mal jugé ce grand prince, et peut-être sollicitera-t-il, à son tour, la faveur de venir déposer à ses pieds son aveuglement et son injuste inimitié.

Cette entrevue d'Édouard et d'Hippolyte faillit les brouiller ensemble. Hippolyte plaidait avec force la cause du malheur; il ne concevait pas comment on pouvait offenser le prince en remplissant un devoir d'humanité envers un parent dans la misère, et dont on possédait gratuitement les biens. De son côté, le chambellan Pontavis s'indignait qu'un soldat qui aurait mille fois sacrifié sa vie sur le champ de bataille pour son pays, s'apitoyât si généreusement sur l'indigence d'un ennemi de l'empereur.

Darville cessa peu à peu de voir Pontavis, auquel Napoléon avait accordé des lettres patentes de comte, et dont chaque jour semblait accroître la faveur. On doit avouer qu'il la méritait par un dévouement sans bornes. Les emplois les moins honorables ne répugnaient point à sa délicatesse. De pareils services rendus dans le mystère étaient récompensés d'une manière éclatante. Des rubans de toutes les couleurs ornaient la boutonnière du comte de Pontavis ; il était chevalier de tous les ordres européens : ce n'étaient pas les honneurs qui lui manquaient.

Admirateur du génie militaire de l'empereur, Darville déplorait sa funeste manie des conquêtes ; il s'était prononcé contre la guerre d'Espagne, que le comte de Pontavis appelait un chef-d'œuvre de politique ; contre la guerre de Russie, que le chambellan nommait une conception admirable : et peu s'en était fallu qu'on n'offrît à M. le colonel une retraite prématurée ; mais l'empereur, qui savait qu'Hippolyte était un de ces hommes qui blâment les projets d'un souverain, et meurent sans murmurer, pour contribuer à leur exécution, dédaigna les rapports qu'on lui faisait sur le mécontentement du

colonel; il saisit, au contraire, une occasion de le
louer sur la belle tenue de son régiment , et ,
pour lui prouver son estime particulière , il
mit à sa disposition douze croix d'honneur , en
lui annonçant qu'il était porté sur la première
liste des généraux de brigade , dont la promotion
devait avoir lieu durant la campagne. Je ne
m'appesantirai point sur tous les désastres qui
suivirent cette expédition gigantesque. L'empire
de Napoléon s'écroula ; le comte de Pontavis ,
en sa triple qualité de sénateur , de préfet et de
chambellan , donna , l'un des premiers , son ad-
hésion à la chute de l'usurpateur ; mais il ne se
crut pas obligé de restituer les faveurs dont il
avait été comblé par le tyran. Il garda les biens
de son parent , et se hâta de demander au nouveau gouvernement une indemnité pour les
pertes qu'il avait essuyées dans le cours de la
révolution , et sollicita la récompense de la fidélité intérieure qu'il avait gardée aux Bourbons.
Le Roi le nomma pair de France; et de nouvelles
croix russes, anglaises et prussiennes, attestèrent
les services éminens que le comte avait rendus
à son pays.

Hippolyte avait été blessé en Russie : des actions d'éclat lui avaient valu le grade de général de division à Montmirail, et l'empereur l'avait nommé grand-officier de la Légion-d'Honneur à Brienne ; mais on ne lui avait point expédié de brevet de ces deux nominations : elles lui furent disputées, lorsqu'ensuite il en sollicita la confirmation. Le général Darville avait peu de fortune patrimoniale ; une partie de ses revenus consistait en dotations situées dans les anciens royaumes conquis. A la chute de l'empire, il perdit tout ; mais il ne s'en plaignit point. Il donna un regret à son ancien général, un souvenir à son bienfaiteur, et, tout entier à sa patrie, il la crut heureuse d'avoir enfin trouvé la paix qu'elle poursuivait depuis long-temps.

« Rien n'est changé en France, on y compte un Français de plus, » avait dit un prince dont la présence avait rempli de joie tous les cœurs français. Cette promesse si douce, si solennelle, ne fut pas comprise par tous les agens du pouvoir ; ils crurent qu'ils substitueraient impunément leur volonté particulière aux généreuses intentions du monarque. Au lieu d'adoucir les blessures que ce grand changement faisait éprouver à l'intérêt, à l'amour-propre, ils irritèrent les passions, ils alimentèrent la discorde, et rouvrirent des plaies à peine cicatrisées : en récompensant et en punissant au hasard, ils formèrent des créatures à l'autorité, et non des sujets au souverain. La France a payé cher leur ineptie et leur maladresse.

Le général Darville fut un de ceux qui eut le plus à se plaindre de cette époque. Cependant lorsque Bonaparte débarqua, il fut un des premiers qui, prévoyant les malheurs qui menaçaient son pays, courut offrir ses services au gouvernement. On les refusa, parce qu'on n'osa croire à la sincérité de ses offres : on ne voulait pas se persuader qu'un militaire, qui avait à se plaindre de l'autorité, pût faire taire ses ressentimens pour n'écouter que la voix de l'honneur : on jugeait mal. Il y a des caractères qu'on enchaîne par la confiance…. Le vingt mars arriva !

Dès que le gouvernement de fait fut organisé, les journaux annoncèrent différentes promotions. Darville reçut de nouveaux témoignages de l'estime de Bonaparte. Le comte de Pontavis, qui s'était d'abord enfui sur la route de Gand, mais qui ne fuyait qu'à petites journées, voyant que le gouvernement ne le poursuivait point, revint sur ses pas. Après quelques jours perdus dans l'inaction, il alla voir et féliciter son ancien ami ; il le pria de s'intéresser à lui pour le faire rentrer en grâce auprès de Napoléon, protestant d'un dévouement secret à la personne de l'empereur, en rejetant sur les conseils de sa famille tous les actes contraires qu'il avait faits sous le roi. Darville lui promit de mettre aux pieds de S. M. l'hommage de son ancien chambellan ; mais Bonaparte refusa de rappeler auprès de sa personne un homme qui s'était déshonoré publiquement. Lorsqu'après plusieurs tentatives inutiles, le comte de Pontavis se fut convaincu que l'empereur ne voulait pas de lui, il partit pour Gand, où on le reçut comme une victime de la haine de Napoléon.

Trois mois s'étaient écoulés, un vaisseau anglais avait recueilli Bonaparte, et le roi de France était de retour aux Tuileries : on parlait beaucoup de listes d'exil, d'arrestations, de condamnations. Parmi les personnages que l'on désignait comme coupables, se trouvait le lieutenant général Darville, qui avait comparu sur les champs de bataille de Fleurus et de Mont-Saint-Jean. Alarmée d'un pareil bruit, la baronne Darville court chez le comte de Pontavis, pour s'assurer des intentions du ministère.... Que voulez-vous que j'y fasse ? répond froidement à ses questions multipliées l'ex-chambellan de l'empereur. Votre mari n'a pas voulu m'écouter ; il a suivi sa tête ; il s'est de nouveau rangé sous les drapeaux de l'usurpation, au lieu de me suivre à Gand... —Mais, M. le comte, vous devez vous rappeler que vous-même.... — Moi, j'ai toujours prévu que cela finirait mal. Ce *Buonaparté* est un charlatan : je ne sais pas comment on a pu être assez fou pour s'attacher à la fortune de cet homme-là ; il m'a fait faire des offres à son retour ! —Mais, monsieur, c'est vous qui avez prié mon mari...—Oui, je l'avais supplié même d'abandonner ce misérable ; mais ces militaires, cela ne sait rien deviner : encore s'il avait trahi en temps utile!.... — Trahi ! — Il serait tranquille aujourd'hui.—M. le comte, vous connaissez assez Darville pour croire qu'il préfère la mort au déshonneur : il ignore la démarche que je fais auprès de vous, et la manière dont vous me recevez vous garantit le plus profond secret sur cet entretien. Si les bruits qui circulent se

onfirment; si mon époux, à peine remis des
blessures qu'il a reçues, est condamné à quitter
la patrie qu'il a servie, défendue au prix de son
sang, il se soumettra à la rigueur de son sort,
et je n'ajouterai point à ses malheurs en lui révélant l'ingratitude de son ami. — En vérité,
madame, vous vous méprenez : je désire de
tout mon cœur que vos craintes soient illusoi-
res; mais, dans tous les cas, Darville ne doit
s'en prendre qu'à lui.... Je ne lui ai pas ménagé
les conseils.... Dans ce moment l'autorité cherche à faire de grands exemples, afin d'intimi-
der, de contenir les malveillans.... Je sens que
cela est très-fâcheux pour ceux sur lesquels cela
tombe....; mais c'est une rigueur utile, nécessaire... Au surplus, ajouta le comte en saluant
à plusieurs reprises madame Darville comme
quelqu'un que l'on congédie poliment, j'en parlerai; et si le ministère ne l'a pas irrévocablement condamné...., nous verrons.... Comptez
sur moi, dit-il en s'inclinant profondément.

Les appréhensions de madame Darville n'é-
taient que trop bien fondées : son mari reçut l'ordre de sortir de la France. Il obéit, laissant une
femme charmante et deux enfans encore jeunes,

à la merci de ses ennemis. La fatalité le conduisit dans les mêmes lieux où vingt ans plus tôt il avait servi sous les ordres du prince de Condé. Avec quel sentiment profond d'amertume et de regrets il revit les lieux où s'était écoulée sa jeunesse, où pour la première fois son sang avait été versé par la main d'un Français !

Darville crut qu'une fois hors de la France, il vivrait, sinon heureux, du moins libre et tranquille. Il se trompait. On l'obligea vingt fois à changer de résidence; mais en quelqu'endroit qu'il allât, il ne pouvait faire un pas sans qu'un monument, un hasard, une circonstance, ne vînt lui rappeler le souvenir d'une victoire ou d'une action mémorable : partout il retrouvait quelque chose de cette patrie dont on l'avait exilé....; partout elle avait laissé des traces de sa valeur, de sa puissance, de sa gloire.... Il voulait, disait-il, oublier la France, et la France le poursuivait de souvenirs. Là, son sang avait coulé pour cimenter le gain d'une bataille; plus loin, il avait arraché un ennemi mourant à la fureur des soldats; telle ville était fameuse par le traité de paix que nous y avions signé; tel bourg avait donné son nom à une de nos victoires : ici un pont s'était élevé ; là , on avait creusé un canal ; ailleurs , un chemin nouveau avait été ouvert ; et tous ces travaux avaient été ordonnés , dirigés par des Français !.... Darville se sentait fier d'appartenir à une nation qui avait fait tant et de si grandes choses ; mais ce mouvement d'orgueil national ne servait qu'à augmenter les regrets qu'il éprouvait d'être banni d'un pays si cher à son cœur.

Le baron n'était plus dans cet âge où l'on ouvre si facilement son âme aux espérances, où la peine du jour s'efface devant les projets de plaisir du lendemain : il connaissait le prix du temps, et voyait avec effroi les jours se succéder sans apporter le moindre adoucissement à son exil. Les lettres de sa femme, de ses fils n'étaient pas propres à diminuer son chagrin. En proie aux malheurs de deux invasions, la France humiliée, dévastée par l'étranger , était aussi déchirée par ses propres enfans. Les partis étaient en présence , et le vainqueur abusait impunément de tous les avantages de la victoire. La bassesse empruntait le langage du dévouement pour assouvir ses vengeances particulières. Sous prétexte d'assurer la paix de l'État, on bannissait l'ennemi dont on avait à se plaindre , ou proscrivait le rival dont on redoutait la gloire ou le talent ; l'homme qui nous portait ombrage devenait un jacobin ; le créancier qui se rendait importun , était entaché de bonapartisme ! Heureux encore si toutes les vengeances s'étaient bornées à l'exil !

Le tristesse s'était emparée du général. Éloigné de son pays , privé des objets de son amour, de son affection , il envisageait avec une sorte d'effroi la durée de sa proscription : il avait demandé des juges ; il ne put en obtenir. Sa femme sollicitait sa rentrée en France ; mais les agens de l'autorité , qui ne voulaient pas faire juger son époux dans la crainte qu'on le trouvât innocent , s'opposaient à son retour sous le prétexte qu'il était coupable.

Cependant la tranquillité régnait en France ; les alliés en étaient sortis. Quelques voix généreuses, qui avaient autrefois sollicité le rappel des émigrés , s'élevèrent alors en faveur des exilés. Le temps use la sévérité, et déjà le Gouvernement avait autorisé la rentrée de quelques-uns de ceux qu'il avait d'abord traités en ennemis. Un rayon d'espoir pénétra l'âme de Darville.

Chacun de ses compagnons d'infortune qui obtenait sa grâce, semblait rapprocher de lui la clémence du souverain, et lui promettre qu'il goûterait bientôt le bonheur qu'il enviait depuis si long-temps. Sa tristesse avait fait place à une douce mélancolie ; ses traits flétris par une longue douleur, reprenaient un peu de leur ancien éclat. Les lettres multipliées de sa famille ranimaient son courage abattu, et le pauvre général s'abandonnait avec une sorte de confiance à la plus douce illusion.

Un message de la baronne Darville combla les désirs de son époux. Le roi, toujours indulgent, avait enfin autorisé le retour du général ; et par un mouvement de générosité dont ses illustres aïeux ont donné des exemples si touchans, il ordonna qu'on lui rendît ses emplois, ses dignités et ses pensions. Cet excès de bonté arracha des larmes de reconnaissance au baron. Revoir la France !.... embrasser sa famille, consacrer le reste de sa vie à servir et défendre son roi : quelle carrière plus noble ! quel avenir plus heureux !... Darville se hâta de faire tous ses préparatifs de départ, et, après avoir indiqué à sa femme l'époque fixe à laquelle il serait au sein de sa famille, il se mit en route, accompagné d'un seul domestique de confiance.

Madame Darville, au comble de la joie, improvisa une petite fête pour célébrer le retour de son époux : elle invita quelques-uns des anciens amis du général, qui voulurent bien concourir à embellir cette journée. Henri, l'aîné des enfans du baron, fit de mémoire le portrait de son père. Cette délicate attention devait lui prouver combien ses traits étaient fidèlement gravés dans le cœur de ses enfans. Léon avait fait les paroles d'une romance dont sa jeune sœur avait composé la musique, et qu'ils devaient chanter ensemble. On n'épargna rien pour rendre ce moment l'un des plus beaux de la vie de M. Darville.

Au jour indiqué, on se rendit chez la baronne. Une gaieté folle se peignait sur toutes les figures. La diligence ne devait arriver que fort tard, et jusqu'au soir chacun imposa silence à son impatience; mais dès que le jour baissa, tout le monde eut l'oreille au guet. Une voiture s'arrête à la porte.... C'est lui ! c'est lui ! répète en chœur la foule, qui se précipite vers la rue. C'est lui, s'écrie madame Darville qui, rapide comme l'éclair, s'élance à la portière de la voiture, l'entrouvre, et tombe sur un cercueil.... L'infortuné général n'avait pu résister à ce passage subit d'un désespoir profond à un bonheur assuré ; il était mort de joie en touchant le sol de la France !

Ma plume se refuse à tracer cette scène de douleur : on la comprendra mieux que je ne pourrais la décrire !......

N°. XI. — 1er. *Janvier* 1820.

LES ÉTRENNES.

Res est ingeniosa dare.
(OVIDE.)
C'est chose ingénieuse que de savoir donner.

MA famille est très-nombreuse ; elle touche, par les extrémités, aux premiers rangs et aux dernières classes de la société, chose assez commune depuis que la révolution a bigarré toutes les familles. Quelques époques, en tête desquelles il faut placer le renouvellement de l'année, me rendent encore plus sensible cette variété de parens : je suis alors obligé d'assortir mes égards au rang qu'ils occupent dans le monde, et de consulter à chaque instant mon répertoire de politesse.

Quelques - uns de mes neveux ont en per-

spective des honneurs et des dignités ; d'autres
ont l'espérance d'une grande fortune ; plusieurs, oubliés par le sort ou maltraités par
les circonstances, n'ont pour richesses que le
travail et la santé ; leurs goûts diffèrent comme
leurs position ; et c'est une tâche fort difficile
que de les contenter tous. Quelque précaution
que je prenne pour arriver à ce but désiré, j'ai
toujours peur de n'y avoir pas réussi.

Ces craintes redoublent aux approches du
premier jour de l'an. A mon âge, on ne fait
plus que donner des étrennes. Cette façon de
se rappeler au souvenir de ses neveux a bien
son mérite ; mais elle perd beaucoup de ses
avantages, lorsque le cadeau blesse la modestie
ou la vanité de celui qui le reçoit :

« La façon de donner vaut mieux que ce qu'on donne. »

dit Gresset ; et ce vers-là, qui se trouve à l'u-
sage de toutes les fortunes, contient encore le
sentiment du plus grand nombre. Dans l'embarras où me jette annuellement la fin de décembre, j'ai recours aux conseils de ma bonne cousine, madame de S.....; son goût dirige le
mien : elle préside à mes emplettes ; elle règle

4.   9*

elle-même la destination de chaque cadeau, et, grâce à sa spirituelle distribution, mes petits présens ont souvent doublé de valeur.

Ma cousine, à qui les derniers jours de décembre n'ont pas manqué de rappeler son rôle des années précédentes, est accourue chez moi avant-hier, étonnée, disait-elle, que je ne l'eusse pas encore demandée, et craignant, par-dessus tout, que j'eusse oublié l'époque fameuse qui me place si avantageusement dans la mémoire de mes jeunes parens. Après quelques observations sur la nécessité de faire ses achats le plus tôt possible, afin de les faire à meilleur marché, ma cousine me pria de lui remettre ma liste et ma bourse ; en chemin, elle consulta l'une et l'autre avec beaucoup d'attention. Sa double inspection terminée, elle écrivit un mot au crayon sous chacun des noms qu'elle avait lus, rêva un instant, vida ma bourse, et me la rendit ensuite avec une grâce qui n'appartient qu'à elle.

Tout cela s'était fait avec une rapidité qui excluait les réflexions ; aussi je ne m'en permis aucune: elles auraient été d'autant plus inutiles que, dans cette affaire, madame de S... traitait ma bourse avec aussi peu de cérémonie qu'elle eût traité la sienne. Ma cousine a des principes qui lui sont particuliers. Jeune encore et jolie, elle s'oublie volontiers au profit des autres ; elle place au premier rang de ses devoirs celui d'obliger, et elle donne avec autant de plaisir que les autres en ont à recevoir.

Les intérêts de mes neveux, de mes nièces, de mes cousins et cousines, ne pouvaient être placés en meilleures mains; je m'en aperçus dès le premier magasin où nous nous arrêtâmes : c'était celui de feu Ravrio, que les arts regrettent, que l'amitié pleure encore. Ses bronzes, ses dorures, ont en quelque sorte une réputation européenne. Son successeur, en leur conservant la supériorité dont ils jouissent depuis long-temps, s'est attaché à varier leur forme et leur prix ; les désirs les plus simples, les fantaisies les plus brillantes, trouvent également à se satisfaire dans ce temple du goût. Si ma cousine eût été seule, peut-être se fût-elle contentée d'un de ces bronzes charmans à la portée des fortunes modiques ; mais à l'instant où elle entra dans le magasin, elle fut saluée par la jeune comtesse de M...., qui réglait un compte de

cinq cents louis. Elle fut accostée par le gros
général H...., qui marchandait, pour sa nièce,
une garniture de cheminée de dix mille francs.
Le pouvoir de l'exemple est bien grand, et ma
bourse se ressentit un peu de la petite vanité de
ma cousine. Un de ces personnages qui sortent
les mains vides de chez tous les marchands, venait de laisser une paire de candélabres dont la
cherté n'était pas le seul mérite. Ce fut pourtant à son prix élevé que cet objet dut la préférence que lui accorda ma cousine, qui m'as-
surait, en payant sa folie, que je venais de me
distinguer par mon goût. Réduit au rôle passif
d'observateur, je me bornai à louer le sien, et
nous sortîmes, elle, enchantée du cadeau qu'elle
destinait à ma nièce Hortense, femme du maréchal de camp T...., que le hasard, plus que
son rang, avait placée en tête de ma liste, et
moi, fort satisfait des manières aisées, de la politesse gracieuse et spirituelle du maître de la
maison. Je vis que M. Lenoir avait entièrement
recueilli la succession de son oncle.

La foule des équipages qui encombraient la
cour de Nourtier, nous obligea de nous présenter chez un de ses confrères, dont la renom-

mée ne le cède en rien à la sienne. Ses salons,
car on ne saurait donner le nom de magasins à
des pièces si richement décorées, étaient remplis d'une foule de personnages dont quelques-
uns usaient leurs visites en admiration. Les
étoffes les plus riches, artistement posées çà et
là, tentaient la bourse et la curiosité des amateurs. Des messieurs que j'avais d'abord pris
pour des acheteurs, faisaient valoir par leurs
éloges, le dessin, la couleur, la richesse des
soieries, la finesse du tissu des cachemires. Ces
messieurs, en bas de soie, en habit noir, le jabot
à large plis, les cheveux élégamment bouclés,
le lorgnon suspendu au côté par un ruban, ne
se bornaient point à mesurer les étoffes qu'on
leur demandait; leur zèle toujours actif ne connaissait point de bornes : non-seulement ils faisaient avec adresse les honneurs de leurs marchandises, mais encore leur complaisance inépuisable dirigeait le goût des jolies acheteuses ;
et chacun des objets qu'ils offraient à leur con-
templation était escorté d'une phrase aussi ga-
ante que spirituelle : peut-être manquait-il à
leurs manières affectueuses un peu de ce respect
qui empêche la politesse d'avoir un air de fami-

liarité : c'est du moins ce que me fit soupçonner le sourire ironique dont madame de B.... accompagnait chacune de ses réponses au premier garçon de la maison.

Parmi les jolies femmes que la richesse et la nouveauté des objets avaient attirées dans ce magasin, je remarquai madame de C....; elle donnait le bras au colonel B...., et paraissait s'en reposer à ses lumières du choix d'un cachemire que, sans doute, elle destinait à quelqu'une de ses amies. J'avais aperçu son mari chez *Lenoir-Ravrio*. Aussi peu connaisseur que sa femme, il s'était fait aider dans ses emplettes, par une jeune dame qui ne s'étonnait de rien. Les bronzes les plus chers paraissaient à peine dignes de son attention, et ce fut avec une répugnance marquée, qu'elle consentit à laisser tomber son choix sur une pendule magnifique, que M. de C.... n'osa faire porter chez lui, afin de ménager probablement à madame le plaisir d'une surprise complète.

Quelques emplettes plébéiennes nous appelaient à la *Fille mal gardée*. Le fiacre, le cabriolet de place stationnaient modestement à l'entrée du magasin qu'assiégeait la foule des

piétons. La politesse des garçons était relative,
et ma cousine n'eut qu'à se louer de leurs égards.
Le cachemire de Lyon, la robe de lévantine ou
de mérinos, le fichu de soie de couleur, tels
étaient les principaux objets qui excitaient l'envie des acheteurs. Le prix, la qualité de l'étoffe,
sa durée étaient examinés avec beaucoup de
soin ; et je m'aperçus que les achats les plus
frivoles en apparence cachaient un véritable
but d'utilité. Ici les étrennes gagnaient en soli-
dité ce qu'ellesperdaient en éclat. Cette observation ne pouvait échapper à ma cousine. Avant
la fin de l'année, mes petites nièces Charlotte
et Mariette lui en sauront autant de gré que
moi.

En fait de commerce, j'aime les vieilles réputations. Nous passâmes rue de Richelieu, chez
Tessier, et là, madame de S..... usant du droit
que lui donnait la possession de ma bourse, offrit
de ma part à ma jolie cousine Arsène D...., un
sultan orné de guirlandes de fleurs, exécutées en
chenille avec un art admirable ; des gants, des
pastilles, quelques cosmétiques d'Arabie en gar-
nissaient l'intérieur, qui se faisait remarquer par
des dessins allégoriques d'un goût exquis.

Ma liste contenait le nom de cinq petits neveux qui venaient de suite, et pour lesquels madame de S.... avait réservé toute sa raison. Je n'eus rien à répliquer lorsque je la vis faire pour eux un choix des meilleurs livres élémentaires qui eussent paru depuis quelques temps. *L'abrégé de l'Histoire universelle ancienne et moderne* tenait le premier rang; il le méritait par l'importance du sujet et par son exécution. La jeunesse placera un jour le nom de M. de Ségur au nombre de ceux qui ont utilement consacré leurs veilles à son instruction. Venaient ensuite *les Conversations maternelles*, de madame Dufrénoy; une *jolie Bible* en estampes, et l'éternel *Robinson*, qui, semblable aux fables du bon Lafontaine, plaît, amuse, intéresse dans tous les âges de la vie.

Nous nous arrêtâmes un instant chez...., l'un des plus célèbres bijoutiers de la capitale. La petite scène dont nous y fûmes témoins me force de taire son nom. Un riche négociant y marchandait une parure de diamans; le prix venait d'y être convenu, et le joaillier se disposait à les replacer dans l'écrin, lorsque la porte s'ouvre avec fracas et jette dans les bras de M. V.... sa femme, qui avait été témoin involontaire du marché. La pauvre madame V.... étouffait de reconnaissance. Elle tourmentait le dictionnaire pour construire des remercîmens dont la force pût peindre l'excès de la joie qui la suffoquait. Son mari, qui n'avait pas compté sur sa présence, forcé, par le grand nombre des personnes qui l'entouraient, d'acquitter cet élan de l'amour conjugal, se fit un mérite d'avoir provoqué cet heureux hasard, et, la larme à l'œil, il remit à sa femme l'écrin qu'il avait payé d'avance.

Après quelques accidens dont le récit ne doit pas trouver place ici, nous terminâmes nos em-plettes par la rue des Lombards. Il y régnait une activité dont on ne se souviendra plus dans huit jours. C'est là que l'imagination s'épuise pour triompher de la concurrence et fixer la foule, au moins pendant une ou deux soirées. Celui-ci étale aux yeux des amateurs l'histoire de la Suisse...., en sucre candi; celui-là l'ambassade de Siam, en crème à la rose; chez un troisième le sucre prend toutes les formes, et se déguise sous l'apparence des fruits les plus rares, des lé-gumes les moins recherchés; un quatrième, spé-culateur moral, offre aux regards des curieux un essaim de jeunes filles qui disputent entre elles de grâces et de prévenances. J'ai vu ; assise modestement au comptoir, une de ces modernes beautés qui traversent d'un pas si léger les longues allées des Tuileries. Sa figure à laquelle un air décent et réservé donnait le charme de la nouveauté, invitait le chaland et contribuait singulièrement au débit des douceurs du magasin : d'autres, pour peupler-leurs boutiques d'une foule permanente, invitaient leur famille à passer la soirée avec eux ; et comme la foule est un aimant auquel on ne résiste point à Paris, les parens attiraient les chalands.

Nous garnîmes la voiture de bonbons *aux Braves*, *à la Henri IV*, *à la Somnambule*, *aux Danaïdes*, etc. , et comme il faut de la morale partout, même en sucrerie, je me munis, à mon tour, de quelques bonbons *à la Télémaque*. En rentrant chez moi, je m'amusai à faire le calcul des dépenses de ma journée : j'en fus étonné moi-même. Je crcis en vérité que ma cousine y a mis du sien.

N°. XII. — 11 *Janvier* 1820.

LE MOBILIER

D'UN VIEUX GARÇON.

***

> Cachez soigneusement ces objets ; ils révèlent
> des choses que tout le monde doit ignorer.
> (DEVISART.)

PLUS on est près de sortir de la vie, plus l'on s'y rattache par les souvenirs. Il y a des gens qui marquent d'un jalon tous les endroits par où ils ont passé ; qui tiennent note des moindres actions qu'ils ont commises, des moindres paroles qui leur sont échappées, et qui, dans un âge avancé, se complaisent à relire le registre de leurs anciennes folies. Quelques autres, pour se soustraire à l'oubli qui les attend, préparent, dans le silence du cabinet, ces mémoires indiscrets, ces correspondances scandaleuses, qui enrichissent l'éditeur aux dépens de l'honneur du défunt. On veut encore tenir au monde, même après qu'on ne lui appartient plus. De tous les êtres créés, l'homme est le seul qui ne veuille pas mourir tout entier.

Cette manie de vouloir enregistrer le passé, n'est, pour beaucoup de personnes, qu'un ridicule de plus, et un ridicule inutile. La postérité, pour laquelle ils ont fait tant de frais de mémoire, passe sans les regarder : elle ne leur tient aucun compte des dépenses d'esprit et de malice qu'ils ont accumulées pour lui plaire ; et, la plupart du temps, le public indifférent oublie de payer le port des sottises qu'on a mises à son adresse. Cependant si ces sottises sont sans influence pour le public qui les ignore, elles ne sont pas sans danger pour quelques familles dont elles peuvent troubler la bonne intelligence ; et l'indiscrétion d'un mort a souvent de terribles conséquences pour les vivans.

M. de Nosange est un vieux capitaine de cavalerie, qui a pris sa retraite, il y a quinze ans, à la suite d'un démêlé assez vif qu'il eut avec son jeune colonel. Depuis ce temps, il se fait honneur d'une fortune avec laquelle il a payé quel-

ques plaisirs, et trouvé beaucoup d'amis. C'est
un homme d'un commerce agréable et sûr, mais
qui n'approfondit rien. L'apparence a pour lui
tous les avantages de la réalité ; il prend les hommes tels qu'ils se donnent, et croit à la vertu sur
parole. Cette confiance a sa source dans la noblesse et la candeur de son caractère, qui ne lui
permettent pas de soupçonner chez autrui la
fausseté dont lui-même est incapable. A ses yeux
tout masque est un visage qui réfléchit avec fidélité le sentiment que l'âme éprouve. Chaque
vaine protestation d'amitié obtient un retour,
une amitié sincère ; chaque offre de service,
jetée adroitement en avant, vaut plus tard, à
celui qui la lui a faite, un service réel. Sa crédulité, que ses véritables amis respectent, parce
qu'ils veillent à ce qu'elle ne l'expose point à
de grands dangers, a résisté aux leçons du temps
et de l'expérience. En dépit de quelques légères
atteintes portées à son invariable sécurité, M. de
Nosange a constamment été un des hommes les
plus heureusement trompés de la capitale.

Il m'aborda l'autre jour pour m'apprendre
la mort de son ami Dubreuil. Son affliction
était extrême, parce que le défunt n'avait

cessé de l'entretenir de la sincérité de son attachement pendant une trentaine d'années, et qu'aucune de ses actions n'avait, selon M. de Nosange, démenti ses paroles. Je ne cherchai point à contrarier sa douleur, dont l'excès seul me paraissait déplacé, et je consentis même à l'accompagner à l'ancien hôtel de Dubreuil, ou M. de Nosange avait le plus grand désir de se rendre à l'instant même.

Quelques affiches placardées en profusion à la porte de l'hôtel, annonçaient la vente du mobilier de Dubreuil. M. de Nosange venait avec l'intention d'acheter quelques-uns des objets qui avaient appartenu à son vieil ami ; il voulait s'entourer de souvenirs ; et, malgré les prières de sa femme, qui avait cherché à le détourner de ce projet, il était bien décidé à ne pas retourner chez lui sans avoir fait l'acquisition d'un meuble ou d'un tableau de prix.

La vente n'était pas encore commencée, et cependant la foule encombrait l'appartement de Dubreuil. J'eus le temps d'examiner à loisir les personnages différens que le hasard y avait rassemblés ; ils étaient presque tous de la connaissance de M. de Nosange, et parlaient du défunt comme d'un homme dont l'amitié leur avait été bien chère. Ce concert d'éloges n'avait rien que de fort louable en soi. Je ne sais pourquoi il appela le sourire sur les lèvres de quelques femmes dont la critique s'exerçait avec humeur contre l'élégance et la recherche des objets qui composaient l'ameublement de la chambre à coucher du défunt.

Né avec de la fortune, M. Dubreuil n'avait pas pensé à accroître l'héritage de ses parens. Un esprit naturel, léger, un caractère souple et liant ; des études ébauchées, des talens frivoles en faisaient un homme agréable dans le monde. Sa jeunesse avait été marquée par de grands succès auprès des femmes, et peut-être le souvenir qu'il conservait de la facilité de ses premiers triomphes, avait-il contribué à diminuer chez lui ce respect dû à la plus belle moitié du genre humain, cette tendre indulgence que l'homme accorde à des faiblesses que presque toujours il provoque, à des sentimens naturels qu'il fait naître en les excitant, et qu'il éternise en feignant de les partager.

C'est sans doute à cette injuste défiance

(qu'il avait puisée dans ses propres succès)
que l'on devait attribuer l'éloignement de Dubreuil pour tout engagement sérieux : ni les
prières de sa famille, ni les conseils de ses
amis, n'avaient pu le déterminer à se marier.
Épris d'une fausse indépendance, il voulait
vivre exempt de chaînes. Sa fortune le mettait
à l'abri du besoin ; son caractère insouciant
ne lui permettait pas de supporter aucune en-
trave. Malgré son inconstance naturelle, et le
peu d'estime qu'il témoignait aux victimes de
ses nombreuses séductions, Dubreuil avait
trouvé le secret de faire succéder aux transports
étudiés d'un amour de commande les paisibles
habitudes d'une amitié véritable. La discrétion
était une de ses vertus familières ; il lui devait
de grands succès, et surtout cette tranquillité
d'esprit qui remplace au besoin la paix de
l'âme, et contribue à endormir la conscience.

Cependant le temps enlevait, chaque jour,
une qualité à Dubreuil ; chaque jour oubliant
son âge, il s'enrichissait d'un ridicule nouveau, et mariait ensemble les infirmités d'un
vieillard aux prétentions d'un étourdi. Après
avoir passé l'âge de plaire, il avait conservé

la faculté d'aimer, et sa tardive galanterie s'indignait des refus dont chaque jour sa tendresse était l'objet : l'ameublement de ses chambres participait de son caractère. Ici des objets d'une vieille élégance attestaient l'ancienneté de son extrait de baptême; là, des meubles modernes, du goût le plus recherché, semblaient indiquer le culte de Dubreuil pour les modes nouvelles. Il résultait de cet amalgame bizarre une incohérence qui blessait au premier coup d'œil, et donnait du caractère du défunt une idée vraie, mais peu favorable.

On annonça le commissaire priseur : aussitôt j'aperçus les dames qui critiquaient si largement le défunt, se rapprocher de l'officier public, et se pencher nonchalamment à son oreille. Sans doute que ces dames, qui parlaient avec une légèreté si grande de Dubreuil, n'avaient point à redouter qu'il se trouvât dans sa garde-robe quelques-uns de ces bijoux indiscrets qui révèlent un sentiment, un caprice ou une habitude : cependant, à en juger par leur attitude suppliante et l'expression animée de leurs regards, on aurait dit que ces dames voulaient acheter ou racheter des objets auxquels elles attachaient un grand prix.

La vente commença. Les gros meubles furent achetés par quelques tapissiers, qui présageaient d'avance qu'on leur disputerait le reste : ils furent cédés à bas prix. Un secrétaire à cylindre fut le seul objet qui attira les regards, et qui fut poussé par tout le monde. Un marchand qui peut-être espérait le revendre sur place, en offrit une somme double de sa valeur. La curiosité de ses compétiteurs s'éteignit à l'instant. « Elle est morte, se dirent-ils, et quelques brimborions de papier qu'on n'est pas encore sûr de trouver là ne valent pas un pareil sacrifice. » Il est probable que ces messieurs avaient l'ordre d'acheter le meuble qui leur était échappé, car en le voyant passer aux mains d'un étranger, ils se retirèrent, laissant le brocanteur fort en peine d'une acquisition dont il s'était exagéré l'importance.

Dubreuil avait, par un soin tout particulier, attaché à chaque objet le nom du premier propriétaire et la date du jour où il lui avait succédé en cette qualité : ainsi tel meuble en velours gris, brodé en soie avec un chiffre S. D.,

portait pour renseignement : madame la comtesse de S....., le 16 avril 1786. Sur une pendule dont le sujet était l'Amour couvrant Ar-
gus de son bandeau, on avait gravé L. D.,
17 décembre 1800. Partout la lettre D s'unissait à une foule d'autres lettres initiales, qui
n'étaient jamais les mêmes. Si je n'avais pas su
d'avance que Dubreuil ne possédait qu'un seul
nom de baptème, j'aurais pu croire qu'il avait
pour patrons tous les saints du calendrier.

Des objets auxquels le caprice seul pouvait
donner un prix furent adjugés à de vieilles
femmes qui semblaient rajeunir par la possession de ces bagatelles. En les recevant du commissaire priseur, elles le considéraient avec une
sorte d'attendrissement qui contrastait avec la
sévérité de leur physionomie : elles s'enfuirent
précipitamment avec leur emplette, qu'aucune
n'aurait pu revendre au prix coûtant.

Des gravures, des bijoux furent adjugés à
nos voisins, qui attendaient avec impatience
qu'on exposât aux yeux des amateurs de petits
dessins, de petites miniatures, pour lesquels
chacun d'eux avait reçu une commission particulière. Dubreuil s'était fait une loi de possé-

der la copie de chacun des originaux qui avait daigné lui montrer quelque intérêt, et mon compagnon de voyage me fit observer, avec une espèce de satisfaction, son portrait en pied, qui figurait parmi les objets d'arts compris dans le catalogue de la vente.

Le tour des miniatures arriva. Soit que le commissaire priseur eût des instructions particulières, ou que, craignant la foule, il voulût procéder avec ordre à la vente de ces objets de fantaisies, je m'aperçus qu'il donnait secrètement un coup d'œil à chacun de ces petits tableaux, et qu'avant de les exposer aux regards des amateurs, il faisait un signe imperceptible à chacun des amis du défunt. Il ne s'adressait jamais au même : celui auquel il envoyait le regard s'avançait avec précaution, examinait le médaillon, et en offrait, en souriant, un prix si haut que personne ne pouvait y atteindre. Ce manége se répéta plusieurs fois ; il m'intrigua : j'en fis l'observation à M. de Nosange, qui se hâta de m'imposer silence. J'attends aussi mon tour, me dit-il à voix basse. Madame M....., dont le mari est à votre droite, m'a prié de ravoir une petite miniature qui a quelque ressemblance avec elle , et que , par une imprudence qu'elle s'est reprochée depuis vingt-cinq ans , elle a laissé vieillir entre les mains de Dubreuil. Je serais bien étonné si ces messieurs n'étaient pas aussi les chargés d'affaires de quelques imprudentes qui seront bien aises de ravoir , n'importe à quel prix , l'exemplaire de leurs attraits passés.

J'ignore si les acheteurs , fidèles aux instructions qu'ils avaient reçues , redoutaient les regards de leurs amis ; mais ils cachèrent avec soin leur achat, et la vente se termina sans qu'aucun deux se rendît coupable de la plus légère indiscrétion.

L'heure venait de sonner , et la première vacation était terminée. M. de Nosange , malgré son désir d'acheter , n'avait osé enchérir sur ses voisins , et avait laissé emporter les objets les plus précieux : il descendait l'escalier , en se promettant d'être plus heureux le lendemain. Le commissaire priseur, dont les regards s'étaient arrêtés sur moi depuis quelques instans, s'approcha de moi en posant le doigt sur sa bouche. Il me glissa dans la main une petite boîte qu'il me recommanda de n'ouvrir qu'en cachette. Je ne savais à quoi attribuer ce cadeau mystérieux, et j'attendis que mon vieil ami m'eût fait ses adieux pour satisfaire ma curiosité. Qu'on juge de ma surprise ! La petite boîte renfermait un portrait que, sans le nom du peintre, mort depuis vingt ans, on aurait pris pour celui de la fille aînée de Nosange, la seule qui ressemblait à sa mère.... Dès le lendemain, je m'empressai de reporter cette miniature à la femme de mon vieil ami, en lui faisant remarquer le hasard qui avait produit cette singulière ressemblance. Elle est frappante, me répondit-elle sans se troubler, et moi-même j'y serais attrapée.... Huit jours après, de Nosange montrait à tout le monde sa tabatière enrichie de ce portait, dont il me vanta, en soupirant, la ressemblance et l'exécution.

N°. XIII. — 27 *Janvier* 1820.

LE MATIN ET LE SOIR.

En vérité je n'y conçois plus rien ; ces gens-là
changent à chaque minute de sentiment et
d'allure.   (******)

Il règne dans la société actuelle une confusion de rangs, de langage, qu'augmente chaque
jour la facilité de nos mœurs. Autrefois le costume établissait une ligne de démarcation entre
les gens d'une profession différente. On recon-
naissait à l'habit l'artiste, le financier, le médecin, l'homme de robe ou d'épée ; la perruque
elle-même variait sa forme et ses dimensions
suivant la qualité du porteur. Fidèle aux usages
consacrés par le temps, chaque corporation se
maintenait, avec une sorte d'orgueil, en possession des avantages et des ridicules dont elle avait

hérité de ses prédécesseurs. Ces ridicules formaient à la longue une propriété à laquelle l'esprit de corps attachait une haute importance : ils avaient fini par devenir un signe de reconnaissance qui ne trompait jamais.

La sévérité du costume imposait à celui qui le portait une certaine gravité dont il contractait l'habitude : on se respectait davantage, on n'osait compromettre publiquement son habit. Il est de certains endroits où le magistrat aurait craint d'entrer en robe ; il y a de certaines personnes qu'un militaire n'aurait osé accoster en grand uniforme.

Le soin que prenaient les gens d'une même profession de revêtir des habits semblables, offrait une ressource inépuisable aux auteurs comiques ; ils y trouvaient l'avantage d'un caractère convenu d'avance, qui appartenait également à l'homme et à la profession, et qu'on devinait au premier abord. Quelquefois la ressemblance trop exacte de la copie effrayait le modèle : les plus sages riaient un peu plus fort que leurs voisins; les moins spirituels se fâchaient imprudemment, et les assises de Thalie ont souvent été troublées par les plaintes indiscrètes de ceux que le génie avait traduits à son tribunal.

Toutes ces distinctions de costume ont disparu; il n'est plus possible de désigner d'une manière certaine la classe à laquelle appartient un homme que l'on voit pour la première fois. Le frac est devenu l'habit de tout le monde ; il couvre indistinctement le maître et son valet ; il sert de négligé au maréchal de France, de parure au commis ; et, porté par l'opulence et la médiocrité, il ne révèle ni l'une ni l'autre.

Le costume n'est pas la seule chose qui déguise aujourd'hui les personnages : on ne les reconnaît pas davantage à leurs façons de parler et d'agir, presque toujours en contradiction avec le rang qu'ils occupent, ou l'emploi dont ils sont pourvus. Douze heures suffisent pour opérer une singulière métamorphose dans les idées de certains hommes, si différens le soir de ce qu'ils étaient le matin.

J'entrai samedi au tribunal de ***, où j'espère avoir incessamment l'occasion de conduire mes lecteurs. Un mari, fier des fautes de sa femme, y plaidait en séparation ; et, pour ne laisser aucun doute dans l'esprit de ses juges, il s'appesantissait avec une sorte de plaisir sur toutes les circonstances qui prouvaient le peu d'amour qu'il lui avait inspiré. Quelques lettres, témoins indiscrets d'une passion naissante, étaient soigneusement étalées devant son avocat, qui y puisait tour à tour de grands mouvemens d'éloquence en faveur de la morale outragée, et de touchantes nomenclatures des vertus de son client. L'accusée ne répondait que par des larmes ; son conseil n'opposait à des preuves évidentes que des excuses naturelles, mais non prévues par le code. Il ne s'inscrivit pas en faux contre les antiques vertus de l'époux ; seulement il chercha à trouver dans la différence de l'âge, du caractère, de l'éducation, quelques-uns de ces motifs secrets qui n'autorisent point une faiblesse, mais qui servent à diminuer les torts de celle qui s'en rend coupable. L'adroit défenseur était parvenu à faire partager son indulgente opinion à l'auditoire ; les juges eux-mêmes, qui, depuis l'ouverture des débats, n'avaient cessé de regarder avec intérêt la jolie accusée, penchaient du côté de l'indulgence, lorsque le magistrat, chargé de veiller à la conservation des bonnes mœurs, se leva, et, plein de cette éloquente indignation qui semble n'appartenir qu'à une âme vertueuse, foudroya tous les systèmes de défense. Jamais je n'avais entendu parler si bien de la sainteté des nœuds de l'hymen, et du respect qu'on doit à la foi conjugale. Ma surprise était d'autant plus grande, que l'éloquent magistrat était célibataire. Dans l'intérêt de la morale, ce juge sévère conclut à deux ans de prison.... Ce mot fit tressaillir madame de...., dont les beaux yeux étaient remplis de larmes. Mes voisines crièrent tout bas à l'injustice. Quant à moi, en plaignant la pauvre victime d'une séduction dont son mari n'avait pu la garantir, je rendis intérieurement justice à la décision rigoureuse du jeune magistrat, et j'admirai l'inflexibilité de ce noble conservateur des droits et de l'honneur des maris.

Le soir du même jour je rencontrai chez madame de Saint-Clair notre inexorable magistrat. J'eus d'abord quelque peine à le reconnaître. Son costume, modèle de goût et d'élégance, ne rappelait en rien la gravité de ses fonctions judiciaires. Ses regards erraient avec plaisir au milieu d'un cercle de jolies femmes qui paraissaient attacher beaucoup de prix à ses éloges ; il les leur prodiguait avec une grâce parfaite ; mais il y avait dans les soins qu'il rendait à l'une d'elles un mélange de respect et de familiarité qui trahissait, sans doute malgré lui, le sentiment de préférence qu'elle lui inspirait.

J'en fis la remarque à une dame qui se trouva fort heureuse d'avoir à m'apprendre que M. N... était l'amant de sa cousine. Je la félicitai d'un pareil choix. « Il adore Célina , ajouta-t-elle, et son amour ne s'est pas refroidi depuis six mois. —Pourquoi donc ne pas l'épouser ? répliquai-je , emporté par le souvenir des conclusions du matin ? — L'épouser ! reprit avec un peu d'humeur mon interlocutrice : ma cousine n'est pas encore veuve ! — Elle est donc mariée ? — Depuis deux ans, à un jeune avocat que M. N.... protége de tout son pouvoir : c'est ce petit homme qui cause avec tant de chaleur dans l'embrasure d'une fenêtre. » Je le regardai, et j'avoue que sa femme me parut bien moins excusable que la pauvre recluse du tribunal. Je ne pus m'empêcher de demander comment un homme qui parlait si éloquemment de la vertu, qui peignait avec tant de force et d'énergie les droits et le devoirs des époux, qui condamnait si sévèrement les faiblesses de l'amour.... « C'est son état, interrompit madame....., et M. N.... se fait un devoir de l'exercer honorablement; il juge d'après sa conscience, mais il n'est magistrat que le matin, et le soir il se délasse dans le monde des pénibles fonctions qu'il a été obligé de remplir dans la journée. » Cette différence de conduite à douze heures d'intervalle aurait pu me surprendre, si je ne m'étais rappelé fort à propos que nous vivions dans un temps où l'homme le moins adroit sait accommoder ensemble l'opinion de sa place et le langage de ses passions.

Le hasard me conduisit le lendemain chez un avocat dont le talent a précédé la réputation : il venait de terminer un mémoire contre les maisons de jeu, que lui avait demandé une compagnie de banquiers dont on avait rejeté les soumissions. Il me communiqua son ouvrage en sollicitant mes avis. Je ne pus lui donner que des éloges; il n'en parut pas étonné. J'avoue que nulle part je n'avais lu une peinture plus effrayante des crimes inspirés par la passion du jeu. Ce mémoire renfermait une foule d'anecdotes du plus puissant intérêt, qui démontraient sans réplique que de tous les dangers qui menacent l'imprudent qui a franchi le seuil de ces horribles repaires, le moindre est de mourir déshonoré. L'auteur avait semé son ouvrage de réflexions piquantes et judicieuses, de vues sages et neuves, de conseils utiles et de doctrines qui respiraient une morale sévère.

Le soir, il me prit envie de voir par moi-même s'il n'y avait pas quelque exagération dans le mémoire de notre avocat. Je profitai d'un instant où personne n'avait les yeux sur moi, pour me glisser furtivement jusqu'au premier étage du n°. 113. Je passai rapidement au milieu des *garde-chapeaux*, qui sourirent d'espoir à l'aspect d'une dupe nouvelle. J'entre : la salle est pleine ; il m'est impossible de voir les joueurs ; mais on parle. Une voix que je crois reconnaître se plaint de l'infernale série qui la poursuit..... Je ne me suis pas trompé : c'est notre avocat du matin, qui vient de perdre au *trente-et-un* l'argent de son mémoire contre les maisons de jeu.

Peu de femmes le matin ont, sur la tendresse maternelle, des principes plus sévères, plus éclairés que madame Demuncy ; peut-être même l'amour qu'elle affiche pour ses enfans la rend-il injuste au point de juger très-légèrement la conduite des autres. A l'entendre, on dirait qu'elle seule possède le secret de diriger une éducation , et que de toutes les mères elle seule est capable de faire à ses enfans le sacrifice de ses plaisirs ; mais cette femme si tendre , si dévouée, n'a plus rien le soir de ses principes de la journée : un bal, un concert, la fête la plus simple, l'emportent sur les devoirs maternels. Qui verrait madame Demuncy dans le monde, passant les nuits à danser, à jouer, aurait beaucoup de peine à la prendre pour une mère de famille qui adore ses enfans.

M. Bernier est un négociant très-estimé pour sa fortune et pour son caractère ; son abord est froid, son langage brusque et concis : c'est un homme qui connaît le prix du temps, et qui n'en perd que le moins possible ; ses commis , ses enfans le craignent et tremblent à son aspect ; il punit avec beaucoup de rigueur la faute la plus légère, et passe dans le commerce pour un homme sec et dur : cependant peu de gens du monde ont le soir autant de politesse et d'aménité que M. Bernier. Rencontre-t-il dans la société un des commis qu'il a sévèrement réprimandé le matin, il semble prendre à tâche de lui faire oublier, par une foule de prévenances, les reproches qu'il a dû lui adresser : mais que le commis ne s'y trompe pas , qu'il n'aille pas prendre cette bonté pour un repentir ou pour l'assurance que M. Bernier sera moins exigeant à l'avenir : l'homme du soir n'a rien de commun avec le négociant du matin.

J'ai connu une dame qui était membre de toutes les sociétés de charité ; elle passait la majeure partie de sa journée à visiter, à secourir les pauvres. L'aspect du plus triste galetas ne répugnait point à sa délicate sensibilité : elle montait un septième étage sans la moindre hésitation , et restait des heures entières au chevet du lit d'un mourant. Ses charitables fonctions cessaient à quatre heures précises , et le soir il ne lui restait aucune trace de ses vertus du matin. La plus légère contrariété la jetait dans une irritation difficile à apaiser ; la vue de la plus légère blessure lui causait des maux de nerfs insupportables ; elle ne pouvait faire la moindre course à pied , et son odorat était d'une susceptibilité désespérante. Il est vrai d'ajouter que, sous ce double masque, madame de Bercy conribuait efficacement au bien-être de toute sa famille. La dame de charité jouissait d'un grand crédit auprès de l'évêque, et la petite maîtresse avait ses grandes entrées chez le ministre.

M. le comte de B.... a été nommé directeur d'une de nos administrations financières : c'est un homme de plaisir qui se croit administrateur ; il a dans ses bureaux un jeune littérateur que Melpomène a mieux traité que la Fortune ; aussi M. le comte le plaisante-t-il gauchement sur son goût pour la littérature : Terre ingrate, dit-il, qui ne nourrit pas celui qui la cultive ! Qui l'entendrait ainsi le matin déclarer la guerre aux belles-lettres, ne pourrait s'imaginer que M. l'administrateur tient le soir un bureau d'esprit où l'on juge les ouvrages nouveaux. A le voir molester son employé littéraire, on ne se douterait jamais que le même employé est un des censeurs dont M. le comte recherche l'opinion lorsqu'il lui arrive de laisser échapper quelques-uns des à-propos innocens qu'il destine aux grands seigneurs dont il recherche la protection.

Je me trouvais la semaine dernière à déjeuner chez madame de Bois-Laurent : on lui apporta une lettre dont la lecture la mit dans une fureur épouvantable.... Je me hasardai à lui demander de quelle nature était un message aussi désobligeant. — Ah ! mon cher Rôdeur, vous ne le croiriez jamais !.... C'est de ma nièce, aujourd'hui madame Danvia !.... Sous prétexte que son imprudence a tourné heureusement, qu'elle a épousé son séducteur, elle implore la permission de m'être présentée. — Et vous la refusez ? — Sans doute. — Cette sévérité... ! — Je me dois à moi-même de n'avoir aucune indulgence pour sa faute.... — Elle est réparée. — Il n'importe : ma réputation ne me permet pas de recevoir ma nièce... C'est chez moi qu'elle a vu pour la première fois ce misérable jeune homme, auquel j'ai servi de mère pendant un an ; et cette circonstance, qui aggrave son crime, m'ordonne de la bannir à jamais de ma présence.... Je combattis vainement la résolution de madame de Bois-Laurent ; elle fut inexorable, et je sortis de chez elle convaincu qu'une femme qui poussait à ce point l'austérité des mœurs devait être irréprochable. Le même soir je la rencontrai au bois de Vincennes, tête à tête avec un jeune colonel d'artillerie de la réputation la plus équivoque. Il paraît que la sévérité de madame de Bois-Laurent ne s'étendait pas au delà des personnes de son sexe.

Il me serait facile de multiplier les exemples, et de prouver par mille autres faits semblables combien les hommes sont différens d'eux-mêmes dans l'espace de quelques heures, suivant ce que l'intérêt, l'ambition ou l'amour-propre exigent d'eux; mais il y a quelquefois de la maladresse à épuiser un sujet, et il faut taire la vérité quand elle afflige sans corriger.

N°. XIV. — 4 *Mars* 1820.

INTÉRIEUR DE JOURNAL.

———

Et voilà justement comme on écrit l'histoire.
(Voltaire.)

Peu de personnes savent ce qu'il en coûte pour fabriquer un journal ; combien d'élémens divers entrent dans sa composition ; à combien de moyens on a recours pour approvisionner cet entrepôt de nouvelles, ce magasin d'esprit et de malice, où la contrebande a souvent accès. L'abonné qui parcourt en déjeunant la feuille légère qui lui apporte le bulletin de la santé du grand-turc, l'analyse du vaudeville tombé la veille, l'état des forces du royaume de Caboul, ou l'éloge funèbre d'un grand homme dont il entend parler pour la première fois, ignore toutes les peines que l'on s'est données pour parvenir à l'instruire d'une foule de choses qui ne le regardent pas.

Il fut un temps où les journaux, soumis à une censure inquisitoriale, avaient de l'esprit par ordre, sous le bon plaisir de l'autorité qui les dirigeait alors. L'article le plus insignifiant n'était rendu public qu'après l'agrément d'un censeur qui quelquefois avait eu beaucoup de peine à le lire.

A cette époque, je fus chargé de porter une réclamation au rédacteur principal d'un journal de Paris que certaines considérations m'empêchent de nommer, et le hasard me mit dans le secret de sa rédaction.

Je me présentai à midi au bureau. La personne à laquelle j'avais affaire n'y était point encore arrivée. J'y trouvai un jeune homme qui me reçut d'une façon très-leste. Après m'avoir témoigné assez légèrement le regret qu'il éprouvait de ne pouvoir me donner une satisfaction, il me fit passer dans la pièce à côté pour attendre le rédacteur, et m'envoya, au fur et à mesure qu'il les avait lues, les gazettes du jour, afin que le temps me parût moins long.

En jetant un coup d'œil autour de moi, j'a-

perçus à ma gauche une table sur laquelle il
y avait quelques livres ouverts, dont les pages
étaient à moitié coupées ; ce qu'il en manquait
était soigneusement collé sur une grande feuille
de papier blanc ; les phrases imprimées étaient
jointes ensemble par quelques mots écrits qui
leur servaient de lien : c'était, à ce que je pus
voir, des articles commencés. A ma droite était
une porte vitrée donnant sur la pièce où j'étais
entré d'abord ; le rideau se trouvait de mon
côté : je n'oserais affirmer que j'en fus bien
aise ; j'avouerai cependant que, par un mouvement de curiosité que je ne pris pas sur moi
de réprimer, je soulevai un coin de ce rideau ,
et par ce moyen je vis très-distinctement ce
qui se passait au bureau de la rédaction.

La première visite que reçut notre jeune
homme fut celle d'une fort jolie femme qui se
plaignit amèrement d'avoir été calomniée la
veille par le critique chargé de rendre compte de
la représentation des ouvrages dramatiques nouveaux. A l'entendre, l'injustice était criante,
manifeste ; toute la capitale était révoltée d'une
partialité aussi outrageante. On accusait l'*Aristarque* d'être vendu aux caprices de sa rivale ,

dont elle redoutait l'intrigue , et non le talent...
Chacun a sa manière de voir , disait l'actrice
offensée ; et si M. le critique n'avait parlé que
de mon talent , je respecterais son jugement, ou
du moins je m'y soumettrais.... Mais il s'est permis des injures grossières , des personnalités. —
Quoi ! Madame , répliqua le jeune rédacteur...
cela me paraît bien difficile à croire. — J'ai
l'honneur de vous dire , monsieur , que cela
n'est que trop certain. M. votre collègue m'accuse de chanter faux, de manquer de mémoire!...
Ce sont de ces personnalités qu'un homme bien
élevé ne doit pas se permettre envers une actrice
distinguée ! Et où en serions-nous , monsieur ,
si un premier sujet n'avait pas le privilége de
chanter faux de temps en temps , sans qu'on lui
en fît un reproche public ; si un acteur ou une
actrice célèbre ne pouvait pas se tromper , sans
que tous les lecteurs de journaux fussent dans
la confidence ? Je me plais à penser que le journa-
liste n'a pas réfléchi au peu de délicatesse de son
procédé , et qu'à l'avenir il s'abstiendra de personnalités à mon égard. Je lui abandonne mon
talent , c'est naturel ; mais dire que j'ai chanté
faux !... cela m'indigne !... —Il me semble ,

madame, que la manière de chanter constitue une partie du talent d'une actrice de l'Opéra-comique, et qu'un critique a le droit.... — De nous faire tort, interrompit vivement l'actrice, de nous mettre mal avec le public, de nous faire perdre notre état? Non, monsieur, ne le croyez pas; cela n'est pas ainsi. Quant à moi, je n'ai point l'habitude de me plaindre. — Madame n'a jusqu'à présent obtenu que des éloges de notre journal. — C'est vrai; M. votre rédacteur avait été juste, et voilà qu'il devient tout-à-fait partial : j'en soupçonne aisément la cause; il a dîné samedi dernier à la campagne de madame M... — Je puis vous assurer, madame, que notre collègue ne parle que d'après sa conscience. — Eh bien! monsieur, il a là un fort mauvais guide; sa conscience y voit tout de travers.... Au surplus, je ne demande pas ses éloges; mais je veux qu'il soit juste, et qu'il ne dise pas de mal d'*une artiste* qui a droit à ses égards. Je joue après-demain *la Belle Arsène*; c'est un rôle dans lequel on a souvent eu la bonté de me dire que j'atteignais la perfection : cela peut être vrai; mais il ne me siérait pas de le répéter, et je me tais là-dessus. Veuillez seulement prévenir votre collègue que j'espère qu'il saisira cette occasion de réparer le tort que m'a fait son dernier article. Si par hasard vous désiriez assister à la représentation , ajouta l'actrice en tirant de son sac quelques petits morceaux de carton de différentes couleurs, voici des billets que je vous prie d'accepter , persuadée qu'ils ne sauraient être placés en de meilleures mains. Elle les remit très - gracieusement au jeune rédacteur , qui les compta , et elle sortit après avoir causé quelques minutes à voix basse avec lui.

A l'actrice succéda un homme de lettres qui apportait deux exemplaires d'un ouvrage qu'il venait de publier. Il se recommanda à l'indulgence des critiques, dont il se plaisait à reconnaître les lumières. Pour leur épargner l'analyse de son ouvrage, il avait eu le soin de faire lui-même ce travail préparatoire , et notre auteur en fit l'hommage au jeune rédacteur. Celui-ci reçut en souriant les notes de l'homme de lettres , et se récria sur leur étendue... — En vérité, monsieur, lui dit-il , vous vous êtes donné là beaucoup de peine : cette analyse vaut un article , et peut en tenir lieu au besoin. — Vous croyez ?...

—Il est impossible d'être plus clair, plus concis, et de juger un ouvrage avec autant d'esprit. — Vous me flattez. — Je n'ai pas besoin d'envoyer votre ouvrage au rédacteur chargé de la partie littéraire ; nous ferons insérer la note que vous m'avez remise, en y ajoutant ce que votre modestie aura permis d'y insérer. — Je ne pense pas avoir rien oublié. — Cela n'en vaut que mieux ; c'est alors de la besogne toute faite. — Vous me voyez honteux de tant de bontés ; mais je vous assure que je ne me suis pas épargné, et que je me suis jugé en conscience. — Je le crois. — Votre journal pourra se vanter d'être le seul qui aura une analyse complète de l'ouvrage. — Nous vous en remercions. — Je puis donc compter sur l'insertion prochaine?... — D'ici à deux jours. — C'est à merveille. Il est important pour vous d'abord, et ensuite pour moi, que l'article de votre journal paraisse le premier ; votre feuille a une grande réputation de sévérité littéraire en province, et cela peut faire du bien à l'ouvrage. — Je le conçois. Comptez sur nous. Si vous désirez corriger les épreuves, on vous les enverra dans la journée de demain. —Mille fois trop bon ; je

'oserais l'accepter.... Cependant cela peut être
écessaire ; je n'écris pas très-bien ; vos com-
ositeurs me liront peut-être difficilement ;
out bien calculé..... Je vous serai infiniment
bligé de me les soumettre ; je serai chez moi
oute la journée. Et notre littérateur se re-
ire, enchanté de la justice qu'on rend à son
érite.

Le rédacteur en chef arriva. Son collègue
n'avait oublié sans doute, car il ne fut pas du
out question de moi ; je me gardai bien de m'en
laindre : je continuai, au contraire, sans mot
ire le cours de mes observations.

Après avoir ouvert et parcouru une dou-
aine de journaux étrangers, dans lesquels il
uisa non les nouvelles les plus intéressan-
es, mais celles qui cadraient le mieux avec la
ouleur de son journal, le rédacteur y fit une
ule de petits changemens qui, sans détruire
otalement les faits principaux, les rendirent
ependant tout-à-fait différens de ce qu'ils
taient dans le principe. Le voyage d'un grand
ersonnage prenait sous sa plume un motif
olitique qu'il n'avait pas dans la feuille étran-
ère. La visite la plus insignifiante d'un prince

à un autre devenait, grâce à ses ingénieux commentaires, le prélude d'un traité d'alliance ou d'une déclaration de guerre; mais c'est surtout lorsqu'il s'agissait des événemens de l'Amérique méridionale que son imagination trouvait à s'exercer. Il changeait sans aucun scrupule les victoires en défaites, les défaites en victoires, suivant qu'il plaisait à son caprice ou qu'il importait aux opinions du journal. Il démentait avec la plus singulière assurance des faits dont tout démontrait la certitude, et faisait triompher son parti chaque fois qu'il avait été vaincu.

Dès qu'il eut arrangé à sa guise les nouvelles étrangères, il les remit au compositeur, et chercha à préparer le travail littéraire du journal. Il s'y disposait lorsque le coureur entra, et s'assit pour lui rendre compte de sa récolte du matin.

Le coureur d'un journal est ordinairement un pauvre diable dont tout le mérite est dans les jambes ; c'est celui qui va chercher, d'un bout à l'autre de la ville, les événemens, les *on dit*, les accidens, les bruits publics qui remplissent les premières pages de la feuille quotidienne.

Celui-ci, nommé Guillaume, était *tombé*, *de place en place*, à l'emploi de coureur.

Eh bien! Guillaume, lui dit le rédacteur, êtes-vous riche aujourd'hui?—Mais pas mal, monsieur, répondit-il. J'ai d'abord deux suicides. — Fort bien. — Ensuite, un empoisonnement au faubourg Saint-Jacques. Les circonstances en sont horribles; mais si vous voulez les arranger, on peut en faire un très-joli article. — Nous verrons cela. Ensuite? — Deux architectes se sont arrêtés, ce matin, devant l'arc de l'Étoile; ils l'ont contemplé pendant près d'une demi-heure, de manière à faire soupçonner qu'on projetait de l'abattre. Dans tous les cas, on peut hardiment l'annoncer dans la colonne des *on dit*. Si cela est vrai, nous aurons la priorité sur les autres journaux; si le fait excite des réclamations, cela nous fournira du scandale pour quelques jours. — Parfaitement raisonné. Ensuite?—J'ai été voir s'il y avait quelque chose à la morgue : rien. Le concierge m'a dit que je serais sans doute plus heureux demain. De la morgue j'ai passé à l'académie; c'était le chemin. Je n'ai pu pénétrer jusque dans l'intérieur; mais d'après ce que j'ai recueilli sur les deux candidats, il paraît que l'homme de lettres ne sera pas encore nommé cette fois. Il y avait à la porte du palais de l'Institut une douzaine d'équipages de pairs de France. Ces messieurs donneront sans doute leurs voix à leur collègue, au préjudice de ce pauvre diable de littérateur qui n'a fait qu'écrire toute sa vie. — Depuis qu'il n'y a plus de priviléges, les grands seigneurs passent partout. —Il y en aura aujourd'hui un de plus à l'académie; vous pouvez tenir votre article prêt. —Il est préparé à deux fins, à tout hasard. —Nous avons quelque chose pour les tribunaux. D'abord à la police correctionnelle, j'ai pris des notes sur deux causes d'adultère. — La première regarde M. le duc de..... —Nous ne pouvons pas parler de celle-là. —Mais l'affaire est cependant publique. —Il n'importe, M. le duc mérite des égards; il serait en quelque sorte inconvenant de raconter ses aventures, et de proclamer son déshonneur dans les journaux.—En ce cas, je déchire mes notes. —Non, non, voyons l'autre. — Elle concerne un marchand de draps. —C'est différent; on ne court pas de risque avec ces braves gens-là;

on peut en parler à son aise : ça ne tient au gouvernement ni d'une façon ni de l'autre, ni par des places, ni par des dignités ; et puis, ces aventures-là réjouissent les abonnés. — La voici. — Qu'avez-vous à la cour d'assises ? — Une misère ; deux condamnés. Le plus jeune est bien intéressant ; il se serait peut-être tiré d'affaire sans son avocat. C'est un étourdi qui, dans un accès de jalousie, a tué sa maîtresse d'un coup de pistolet..... Heureusement encore que c'est du premier coup ; il en est quitte pour les travaux forcés. L'autre condamné est un homme de soixante ans, qui a été un honnête homme jusqu'à cinquante-neuf ans, et qu'une malheureuse passion a conduit au crime... Une femme de trente ans est tellement parvenue à maîtriser l'esprit de ce vieillard, qu'elle l'a engagé dans un faux : c'est pour ce délit qu'il a été traduit à la cour avec sa complice. La femme a été acquittée, faute de preuves suffisantes, et l'homme a été condamné à l'unanimité.

En sortant de là j'ai été voir la parade. Elle était finie ; mais c'est égal : cherchez le numéro de la dernière ; c'est la même chose ; elles se ressemblent toutes…. J'oubliais le plus essentiel. Gardez-moi quelques lignes pour ce soir : j'ai la Grève, où il y a une exécution ; puis Tivoli, où l'on donne une fête extraordinaire ; je vous rendrai compte du tout ensemble. Après avoir ainsi détaillé ses travaux de la journée, le coureur s'en alla tout doucement faire ample provision de *nouvelles-nouvelles*.

Au personnage le moins important du journal succéda le censeur. C'était un petit homme blond, tout sucre et tout miel, qui, chargé de la révision des articles, trouvait cependant des personnalités à chaque mot, et des allusions à chaque phrase. Avant de commencer sa lecture, il tira de sa poche la liste des personnes chez lesquelles il devait dîner dans la semaine. Ce fut les yeux fixés sur cette bienheureuse liste qu'il censura les articles des rédacteurs. Un mot équivoque, une épithète innocente prenait, à ses yeux, les couleurs de l'épigramme ou de la persécution, et sa main impitoyable les biffait sans miséricorde : cependant, car il faut toujours être juste, il souriait volontiers aux attaques dirigées contre les personnes chez lesquelles il n'avait pas encore dîné.

Cette manie de chercher , de trouver des allusions partout , me révéla une foule de particularités que j'aurais toujours ignorées sans elle...
Monsieur , disait notre aristarque en raturant une vieille plaisanterie sur les maris trompés , il est impossible qu'on n'ait pas eu en vue le comte D..., chez lequel je dois dîner demain. Cette sortie sur l'avarice est une personnalité lancée contre ce pauvre sénateur N...., à la campagne duquel je passe la journée du jeudi. Voilà une satire des ambitieux qui doit regarder le baron...., qui m'attend mardi. Il ne manque à ce portrait d'un intrigant très-bien peint, que le nom du comte...., qui m'a fait l'honneur de m'inviter pour vendredi. Ce personnage ridicule , dont on cite la conduite astucieuse et les goûts libertins , pourrait bien être ce bon président qui nous reçoit si grandement. Ces gens-là sont si connus que le moindre mot peut les faire deviner ; et d'un trait de plume le doucereux censeur *effaçait, effaçait, effaçait.* Pour remplir cette lacune , il tira de sa poche deux petites anecdotes scandaleuses dont il fit cadeau au journal. L'une concernait un grand personnage chez lequel notre homme n'était plus

invité; l'autre, une belle dame chez laquelle il n'avait pas l'espoir de l'être. Ces deux anecdotes étaient très-mordantes.

Après avoir censuré le journal avec ce tact exquis, le jeune aristarque apposa son paraphe sur toutes les épreuves déjà prêtes. — A quelle heure reviendra monsieur ce soir, demanda le rédacteur, afin que je lui présente le reste de la copie? — Je ne sais, répondit le censeur : à dix heures, onze heures, minuit peut-être.... — C'est bien tard; on ne peut mettre sous presse qu'après que vous avez tout vu. — Je suis d'un bal chez l'ambassadeur : je ne peux pas quitter. —Songez, monsieur, que ce retard double une partie des frais du journal.—C'est possible, mais je ne saurais qu'y faire. — Cela nous cause un tort considérable : les abonnés désirent leur feuille de bonne heure.... — Imprimez à vos risques et périls. Si l'article est convenable, vous n'avez rien à craindre. —Mais, monsieur, n'étant pas dans le secret, nous pouvons insérer un article innocent que la plus légère circonstance rendra coupable. Vous-même vous nous avez défendu hier soir la publication d'un article que vous aviez autorisée le matin. —Alors, arrangez-vous comme vous voudrez.... Un censeur n'est point aux ordres des journalistes. Après avoir prononcé cet arrêt sévère, le censeur fit une pirouette et sortit.

Un garçon de bureau portant sous son bras une liasse de papiers, la présenta au rédacteur, qui la parcourut avec empressement et parut fort mécontent de son inspection. En effet, il y avait parmi ces feuillets volans une grande quantité de pages raturées, biffées ; ce qui mit le rédacteur en chef dans une colère épouvantable. Encore un journal à refaire, dit-il tout haut ; et plusieurs de ses collègues, arrivés depuis quelques minutes, se pressèrent autour de lui : il était facile de voir que chacun d'eux perdait quelque chose dans la suppression qu'indiquaient les ratures ; car ils se répandirent en observations sur la censure, de façon à laisser croire qu'ils n'avaient pas à s'en louer.

Dans le premier moment d'humeur, les rédacteurs jurèrent tous qu'ils ne changeraient rien à leurs articles, qu'ils ne prétendaient faire à personne le sacrifice de leur opinion; mais, sur la représentation d'un de leurs collègues, ils consentirent à adoucir quelques expressions , à supprimer quelques phrases , à dénaturer quelques passages qui avaient déplu à l'autorité : on doit même cette justice aux rédacteurs , qu'une fois qu'ils eurent la plume à la main, ils allèrent beaucoup plus loin qu'on ne leur avait demandé. En toute chose, il n'y a que le premier pas , ou le premier mot qui coûte. Ils jetèrent cependant avec dépit les rognures de leurs articles dans un panier qui devait, selon eux, renfermer des choses plus piquantes que le journal.

Après avoir payé leur tribut à la nécessité, les rédacteurs se firent représenter le livre destiné à enregistrer les nouveautés déposées au bureau du journal, afin de se partager entre eux les livres qui venaient de paraître. Le titre de l'ouvrage, et plus souvent le nom de l'auteur, décidaient le choix du rédacteur...... Je prends cette brochure , disait l'un, parce qu'elle me fournira , je l'espère, l'occasion de combattre l'opinion de M. B.... — Je me réserve ce poëme d'un de mes anciens professeurs , disait un plus jeune ; je veux lui prouver que j'ai profité de ses leçons , et juger à mon tour celui qui m'a tant de fois jugé. — A moi ce roman ! disait un troisième : c'est une production très-piquante ; mais l'auteur pense mal , et je le traiterai en conséquence. — Messieurs , ajoutait un quatrième , je prends ce petit in-12 : c'est une production très-médiocre; mais l'auteur est un de mes amis, et je serai bien aise d'en faire un éloge complet. — Eh ! mon Dieu , répliqua le rédacteur en chef , à quoi donc servirait de travailler à un journal , si l'on n'y avait pas la liberté de juger les écrivains à sa fantaisie ? La seule chose que je vous recommande , messieurs , c'est d'être spirituels et malins. Au nom des abonnés , je vous dispense du reste.

Un mouvement que je fis alors me découvrit aux yeux de l'assemblée : mon aspect terrifia les rédacteurs. J'ouvris la porte du cabinet où l'on m'avait forcé de me reléguer , et je me hâtai de faire connaître l'objet de ma visite. Ces messieurs m'écoutèrent avec beaucoup d'attention , et l'un d'eux prenant la parole me promit , au nom de tout l'aréopage , de réparer l'erreur insérée dans sa feuille quelques jours auparavant. Pour l'y engager encore davantage , je m'excusai, le mieux que je pus , de l'acci-

dent qui m'avait mis dans le secret de la rédaction du journal. Le lendemain , la rétractation
que je sollicitais eut lieu dans les termes les plus
obligeans.

N°. XV. — 15 *Mars* 1820.

LES IMPORTUNS.

C'est le rôle d'un sot d'être importun : un
homme habile sent s'il convient ou s'il en-
nuie : il sait disparaître le moment qui précède celui où il serait de trop quelque part.
(LA BRUYÈRE.)

UN homme que l'Europe nous envie, qui,
créateur de son genre, en est resté le modèle,
le poëte le plus philosophe qui ait jamais existé,
Molière, qu'il me semble que j'ai déjà nommé
dans ces trois lignes , a enrichi notre scène
d'une revue d'originaux qu'il a baptisés du
nom de *fâcheux*. Cent ans plus tard un auteur
dramatique, auquel il a toujours manqué quelque chose pour réussir, a voulu traduire sur le

théâtre des *fâcheux* d'une nouvelle espèce : aussi hardi, mais moins heureux que Fabre d'Églantine, il s'est audacieusement constitué le successeur de Molière. La sévérité du public a châtié sa témérité.

C'est surtout au mauvais choix de ses personnages que l'auteur a dû son peu de succès ; il nous a offert une galerie d'originaux qui n'appartenaient à aucune époque, et dont le type n'existait que dans son imagination ; il les a presque toujours fait parler avec esprit, et jamais avec naturel : ce qu'ils disaient pouvait être fort bien ; mais par malheur c'était l'unique chose qu'ils n'auraient pas dû dire. La première règle à observer par un auteur comique, c'est la vérité.

Ces réflexions m'avaient conduit à penser que la peinture exacte des *fâcheux* de notre temps pouvait être heureusement encadrée dans un de ces articles où je me plais à offrir le tableau de nos mœurs actuelles, et des ridicules du jour.

Mon papier était choisi, ma plume taillée ; j'invoquais mes souvenirs, et je commençais à les transmettre à mes lecteurs, lorsque la porte de mon cabinet s'est ouverte , et m'a laissé voir un des hommes que j'évite avec le plus de soin , lors même que je n'ai rien à faire.

« Ne vous dérangez pas, me dit M. Courtois en entrant sur la pointe du pied , et refermant avec soin la porte de mon cabinet. Je sais ce que c'est que le travail , et mon intention n'est pas de vous interrompre. En passant dans le quartier , je me suis fort heureusement rappelé que je vous devais une petite visite. Le concierge ne m'a pas vu monter : j'ai trouvé la porte de votre appartement entr'ouverte , et me voilà. » En achevant sa phrase , M. Courtois s'est emparé d'une chaise qu'il traîne en face de mon bureau, et dans laquelle il se place avec la tranquillité d'un homme qu'on aurait long-temps persécuté pour s'asseoir. Je me disposais à lui parler ; mais il me ferme la bouche en continuant : « Point de façon avec moi ; ne vous gênez en aucune manière : admirateur des gens de lettres , je sais combien leur temps est précieux , et je me reprocherais comme un crime de leur avoir fait perdre quelques-uns de ces momens d'inspiration qui deviennent **si rares** par le temps qui court : que ma présence ne vous empêche pas de travailler ; » et il croise nonchalamment ses jambes, en jouant avec le cordon de sa canne.

J'avais pris mon parti, et j'étais parvenu à oublier que j'eusse un voisin ; mais en se penchant sur ma table, il m'en fit ressouvenir. « Je regardais votre manière de faire les grandes lettres, me dit-il ; elle se rapproche un peu de la mienne : autrefois j'ai beaucoup écrit, j'ai commencé une foule d'ouvrages ; j'ai ébauché des premières scènes de comédie, de tragédie, d'opéra ; j'ai exquissé des premiers chapitres de roman, des premiers couplets de chanson..... Si mon éducation avait été achevée, je crois que j'aurais pu faire quelque chose..... Je vous montrerai tout cela un de ces jours. Et comme M. Courtois s'aperçoit que j'ai cessé d'écrire pour l'écouter, il se lève pour me laisser plus de liberté, et va s'établir devant ma bibliothéque.

Il se fit un petit moment de silence : j'en profitai pour jeter sur le papier quelques idées sur les inconvéniens des visites importunes. M. Courtois se retourne. A la bonne heure : me

dit-il, vous travaillez !..... C'est bien ; continuez : ne faites pas d'attention à moi..... Je
m'occupe aussi de mon côté..... Je regarde
votre bibliothéque..... Elle est charmante !.....
Vous avez dû employer beaucoup de temps et
de soins à la réunir..... J'en avais commencé
une que j'ai été forcé de laisser à moitié.....
J'avais souscrit pour des ouvrages qui sont
restés en chemin..... Parbleu ! si vous pouviez
vous en arranger, cela me ferait plaisir !.....
Mais nous causerons de cela un autre jour :
travaillez.

Je retaille ma plume, que, dans ma tranquille impatience, j'avais brisée sur un des bras
de mon fauteuil. M. Courtois tire sa montre,
et, regardant ma pendule : Oh ! comme vous
avancez, me dit-il ; j'ai passé ce matin aux
Tuileries, j'ai l'heure du roi !..... Je vous en-
gage à retarder votre horloge de cinq minutes.
— C'est ce que je ferai lorsque j'aurai fini de
travailler. — C'est juste, c'est très-juste ; et
moi qui vous parle, qui vous dérange.....
Continuez donc, je vous en prie : je sais ce que
c'est que le prix d'un instant ! On tient une
idée ; au moment où l'on va la fixer sur le

papier, un importun vous distrait, crac! voilà votre idée à tous les diables!..... J'ai eu des milliers d'idées qu'on m'a fait perdre ainsi..... Travaillez..... Ne faites pas attention à moi.

Courtois s'éloigne. Il a pris place auprès de la fenêtre de mon cabinet qui donne sur le boulevart : j'ai perdu l'espoir de le voir partir; et, pressé par l'heure, je me décide enfin à commencer mon article ; mais à peine en ai-je tracé les premières lignes, que Courtois s'approche de moi en me disant : V enez donc, venez donc vite....., je vous en prie..... (il me prend par le bras, et me conduit auprès de la fenêtre). Regardez là-bas....., à droite. N'est-ce pas M. Désaugiers qui passe?... J'ai besoin de lui parler..... — Eh ! sans doute c'est lui-même, répondis-je avant d'avoir aperçu la personne qu'on me désignait, mais saisissant cette occasion d'abréger la visite de mon *fâcheux*. En ce cas, mon cher Rôdeur, reprit Courtois, je suis désolé de vous quitter ; mais j'espère que vous ne m'en voudrez pas : j'ai promis des couplets pour la fête d'un administrateur des contributions indirectes. Je ne puis mieux m'adresser qu'au directeur du Vaudeville, et je cours lui présenter ma requête : c'est son bon ange qui a dirigé sa promenade de mon côté... Je conduis M. Courtois jusqu'à la porte de mon appartement : ce qu'il souffre avec résignation, quoiqu'en me répétant son éternel refrain : Ne vous dérangez pas. Au moment où j'ouvre la porte, j'aperçois deux dames dont la plus âgée tendait les bras pour saisir le cordon.

L'une de ces dames se nomme : son nom m'est tout-à-fait inconnu ; elle ne s'en étonne point ; mais elle est l'intime de plusieurs de mes amis : d'ailleurs le sujet de sa visite est chose importante, pressée, elle ne sera qu'une minute, et en homme galant je ne puis pas refuser la visite de deux dames dont l'une est jeune et fort jolie.

Nous n'abuserons pas de votre patience, me dit la vieille dame, qui ne veut pas même entrer dans mon cabinet, tant elle met de réserve dans sa visite. Permettez que je vous présente ma nièce Zélia de Grosbeuf ; elle a de la taille, de la figure, de l'esprit, de la grâce ; elle est fraîche comme une rose de mai : je la destine au théâtre, et je viens vous prier de la recommander à ces messieurs. J'ai beau assurer à madame de Grosbeuf que je n'ai aucune espèce de crédit, elle s'obstine à ne pas me croire : des personnes dignes de foi l'ont d'avance persuadée de ma puissance, et mes efforts pour détruire l'opinion qu'on lui a fait prendre de moi seraient superflus. Je me résigne donc à subir le rôle de protecteur.

Il ne serait pas convenable, me dit madame de Grosbeuf, que vous prissiez intérêt à ma nièce sans savoir de quoi elle est capable. Zélia va vous donner un échantillon de ses talens : ce sera l'affaire d'un quart d'heure, Et, sans attendre ma réponse, elle avance un fauteuil dans lequel elle m'invite à m'asseoir, distribue les chaises de ma salle à manger en autant de coulisses, et prenant sa nièce sous le bras, elle court avec elle se recueillir dans un des coins de l'appartement. Cette disposition s'exécuta si rapidement qu'il me fut impossible de m'y opposer.

Me voilà donc forcé de figurer le public. Madame de Grosbeuf chevrotte entre ses dents quelques notes de musique : c'est l'ouverture ;

elle m'annonce que la toile se lève, et s'avance à pas lents avec sa nièce. C'est la première scène de *Zaïre* qu'elle va répéter. L'exécution de cette scène fut si comique, que je ne puis me refuser à la mettre en entier devant les yeux de mes lecteurs.

Mme. DE GROSBEUF.

Allons, allons, Zélia, un peu de courage ! Elle est extrêmement timide. Je commence ; voici la réplique :

» Le sérail d'un soudan, sa triste austérité,
» Ce nom d'esclave enfin n'ont-ils rien qui vous gêne ?
» Préférez-vous Solime aux rives de la Seine ?

Mlle. ZÉLIA, du ton dont on récite une leçon.

» On ne peut désirer ce qu'on ne connaît pas.

Mme. DE GROSBEUF, à sa nièce.

Un peu plus d'âme !.....

Mlle. ZÉLIA, du même ton.

» Sur les bords du Jourdain le ciel fixa nos pas.

Mme. DE GROSBEUF, à sa nièce.

A merveille !

Mlle. ZÉLIA, *toujours sur le méme ton.*

» Au sérail des soudans, dès l'enfance, enfermée,
» Chaque jour ma raison s'y voit accoutumée !

Mme. DE GROSBEUF, *à sa nièce.*

De la chaleur, et tenons-nous droite.

Mlle. ZÉLIA, *continuant (sans rien changer à sa manière).*

» Le reste de la terre anéanti pour moi,
» M'abondonne au soudan qui nous tient sous sa loi.

Mme. DE GROSBEUF, *à sa nièce.*

C'est très-bien..., très-bien. (*Me désignant.*) Monsieur est parfaitement content.

Mlle. ZÉLIA, *toujours méme ton.*

» Je ne connais que lui, sa gloire, sa puissance.

Mme. DE GROSBEUF, *à sa nièce.*

Le haut du corps en avant, la tête haute, et plus de vivacité.

Mlle. ZÉLIA, *continuant toujours.*

» Vivre sous Orosmane est ma seule espérance :
» Le reste est un vain songe......

Mme. DE GROSBEUF, *à sa nièce.*

A la bonne heure..... Voilà qui est senti.....
A moi maintenant.

» Nous l'attendons encor : sa générosité
» Devait payer le prix de notre liberté.
» N'en aurions-nous conçu qu'une vaine espérance

Mlle. ZÉLIA, *même ton.*

» Peut-être sa promesse a passé sa puissance.

Mme. DE GROSBEUF, *à sa nièce.*

Plus de fermeté.....

Mlle. ZÉLIA, *même ton.*

» Depuis près de deux ans il n'est point revenu.

Mme. DE GROSBEUF.

C'est cela. Continuez.

Mlle. ZÉLIA, *même ton.*

» Un étranger, Fatime, un captif inconnu,
» Promet beaucoup, tient peu ; permet à son courage
» Des sermens indiscrets pour sortir d'esclavage.

Mme. DE GROSBEUF.

Les pieds en dehors..... et de la sensibilité.

4.   12

Mlle. ZÉLIA , *méme ton.*

» Il devait délivrer dix chevaliers chrétiens ,
» Venir rompre leurs fers , ou reprendre les siens.
» J'admirais trop en lui cet inutile zèle :
» Il n'y faut plus penser.

Mme. DE GROSBEUF.

Bien, bien..... parfait !...... A moi.

» Mais s'il était fidèle ,
» S'il revenait enfin dégager ses sermens ?
» Ne voudriez-vous pas ?...

Mlle. ZÉLIA , *toujours sur le méme ton.*

» Fatime, il n'est plus temps ;
» Tout est Changé.

Mme. DE GROSBEUF.

Prononçons mieux que cela , et mettons de
la noblesse dans nos gestes.

» Comment ! que prétendez-vous dire ?

Mlle. ZÉLIA , *méme ton.*

» Va , c'est trop te céler le destin de Zaïre !

Mme. DE GROSBEUF.

Admirable !

Mlle. ZÉLIA , *même ton.*

» Le secret du soudan doit encor se cacher ;
» Mais mon cœur dans le tien se plaît à s'épancher.

Mme. DE GROSBEUF.

Ouvrons la bouche.

Mlle. ZÉLIA , *même ton.*

» Depuis près de trois mois , qu'avec d'autres captives
» On te fit du Jourdain abandonner les rives.

Mme. DE GROSBEUF.

A merveille.

Mlle. ZÉLIA , *toujours même ton.*

» Le ciel pour terminer le malheur de mes jours,
» D'une main plus puissante a choisi le secours.

Mme. DE GROSBEUF.

Arrondissons les bras.....

Mlle. ZÉLIA , *même ton.*

» Ce superbe Orosmane...

Mme. DE GROSBEUF.

« Eh bien ?

Mlle. ZÉLIA.

          » Ce soudan même ,
» Ce vainqueur des chrétiens , chère Fatime... il m'aime !

(Insensible aux éloges, aux réprimandes, aux conseils de sa tante, Zaïre débite sa tirade sans rien changer à sa manière. Madame de Grosbeuf la suit des yeux ; elle imite ses gestes ; elle répète tout bas les vers de la pièce, assaisonnant tout cela d'un : *Fort bien!..... Plus d'âme ; les coudes près du corps.....*, qui n'interrompent en rien la tranquille imperturbabilité de mademoiselle Zélia.)

Eh bien ! monsieur, me dit madame de Grosbeuf, en essuyant le front de Zaïre, et en entr'ouvrant tant soi peu son fichu : j'espère que vous êtes content ? Tous ceux qui l'ont entendue en ont été enchantés comme vous. Peut-être lui désireriez-vous un peu plus de chaleur ; mais c'est si jeune ! Dix-sept ans à Pâques prochain !..... Elle ne fait pas encore bien valoir les tirades d'amour, de passion !..... Mais cela viendra : l'âge et l'habitude de la scène lui donneront tout ce qui lui manque..... Elle est si sage !...... Cela n'a pas de volonté...... Son père est mort sans lui laisser de fortune ; elle n'avait d'autre ressource que le travail ou le théâtre. Des personnes comme il faut m'ont fait sentir que ce dernier parti était préférable, en ce qu'il offrait des chances de fortune presque assurées. Je l'ai adopté, et j'ai élevé ma chère Zélia en conséquence.

Comment, ajouta madame de Grosbœuf en caressant de la main le menton de sa nièce, comment aurions-nous tiré parti de ces beaux yeux noirs (*Ne les baissez pas tant, mademoi-selle*), de cette taille élancée (*tournez-vous*), de ces jolis bras faits au tours (*ôtez un peu vos gants*), de cette figure charmante ? (*regardez donc monsieur.*) Le ciel ne nous a pas donné des attraits pour les enfouir, et ce serait l'outrager que de se refuser à profiter des avantages qu'il a bien voulu nous accorder : d'ailleurs, Zélia est raisonnable ; elle a des dispositions réelles, et je suis parvenue, à force de soins, à lui donner de l'enthousiasme pour son art..... Il faut de l'enthousiasme pour réussir au théâtre. L'ambassadeur d'A..... nous a promis un ordre de début pour le premier théâtre ; il est très-bien avec le ministre de la

guerre ; qui a rendu de grands services au premier gentilhomme de la chambre..... Notre affaire est sûre..... Ce pauvre ambassadeur! il
prend tant d'intérêt à la petite! Il voulait, à
toute force, l'emmener à Londres pour jouer au
théâtre d'*Argill Rooms*. Je m'y suis opposée :
il faut d'abord que Zélia débute en France!...
On se doit à sa patrie ; après nous verrons.....
Ah çà! mon cher monsieur, je compte sur
vous, et ma nièce aussi..... Elle se fera toujours un plaisir de suivre vos bons avis..... Les
jeunes filles doivent écouter tout le monde :
c'est là le véritable moyen de s'instruire. Et au
moment où j'ouvrais en effet la bouche pour
donner à mademoiselle Zélia un avis qui peut-
être n'eût pas été tout-à-fait de son goût, madame de Grosbœuf se hâte d'ajouter : Nous
sommes désespérées de vous avoir distrait de
vos occupations ; mais l'opinion d'un homme
comme vous est d'un si grand poids auprès des
gens de lettres, des comédiens , que nous avons
dû nous en assurer d'avance ; et puis, je vous
l'avais bien dit, c'était l'affaire d'une heure au
plus..... Allons, Zélia, il ne faut pas être indiscrète : remercie monsieur ; profite de ses

conseils, et crois-en ta tante. La nature t'a faite comédienne : souviens-toi de ce que je te prédis, tu prendras du goût à cet état-là, mon enfant..... Vois donc ces dames..... Elle n'avaient pas tant de talent que toi lorsqu'elles ont débuté, et à présent elles ont des réputations qui n'en finissent plus. Ce n'est donc pas si difficile....... Et, tout en parlant, madame de Grosbeuf remettait les coulisses impromptu à leur place, et drapait le modeste ternaux de mademoiselle Zélia, qui se contenta de me faire une révérence bien courte, bien gauche, et sortit sans m'avoir adressé une seule parole.

La contrariété que m'avaient fait éprouver ces deux visites était telle, qu'il me fut impossible de continuer à m'occuper de mon travail. Je laissai là mon article, et je m'habillai dans l'intention d'aller voir un de mes amis qui partait le lendemain matin pour l'Italie. De cette façon, je crus échapper aux importuns. Je me trompais. Je venais de tirer la porte sur moi, lorsqu'une voix qui part du milieu du l'escalier s'écrie : *Ne fermez pas.* A l'accent, j'ai reconnu M. Lapérière, espèce d'original fort ennuyeux, qui double le pas, et se trouve bientôt à mes côtés.

Ah! ah! me dit-il en ricanant, je vous trouve enfin; encore alliez-vous sortir! — Cela doit vous prouver que j'ai peu de temps à perdre. — Il faut cependant que vous preniez celui de m'entendre. — Ne vous ai-je pas écrit? — C'est précisément votre lettre qui m'amène. Je vous remets, il y a quinze jours, le manuscrit d'une petite comédie en trois actes et en vers, pleine de saillies, de comique; je vous prie d'y jeter un coup d'œil, de l'examiner avec attention, et vous m'écrivez avant-hier, que j'ai fait une dépense inutile d'esprit et de gaieté; que mon ouvrage ne peut-être joué sans courir les risques d'une chute éclatante! Si vous avez cru vous débarrasser de moi par une réponse de cette nature, vous êtes dans l'erreur. Je viens vous forcer de changer d'opinion, s'il est vrai que ce soit là votre opinion; car, à vrai dire, j'en doute beaucoup. Je dis plus : je parierais que vous n'avez pas lu ma pièce; car il est impossible que votre jugement ne vous ait pas conduit à la regarder comme un des meilleurs ouvrages de ce siècle.

Mes lecteurs ont déjà pris M. Lapérière pour un sot, et malheureusement il n'est pas en mon pouvoir de les détromper. M. Lapérière est un garçon de vingt-cinq ans, que rend insupportable son excessive confiance en ses lumières, parce qu'elle le porte à se dispenser d'égards et de déférences pour les sentimens d'autrui ; il juge un homme de lettres en deux mots et le juge sans appel ; il ne respecte ni les réputations que l'autorité des siècles a consacrées, ni celles qui s'élèvent, protégées par le suffrage de ses contemporains. Né avec de la fortune, il n'a aucun usage du monde ; il parle de son éducation d'un ton qui ferait douter qu'il en ait jamais reçu : aussi a-t-il dans la conversation l'amabilité d'un pédant et la grâce d'un cuistre ; on dirait que son instruction s'est bornée aux commentaires de Bret sur Molière, de Voltaire sur Corneille, de Geoffroi sur Racine ; il ne vous parle de ces grands hommes que pour citer le peu de fautes qui leur sont échappées. Si vous causez de *Tartuffe*, au lieu d'admirer avec vous les innombrables beautés du chef-d'œuvre de la scène comique, il s'appesentira sur ce qu'il appelle la faiblesse du dénoûment ; il n'a retenu d'*Andromaque* que ces vers que la critique a reprochés à Racine :

« Brûlé de plus de feux que je n'en allumai

» . . . .

» . . . . Prenez une victime,

» Que les Scythes auraient dérobée à vos coups,

» Si j'en avais trouvé d'aussi cruels que vous. »

Il s'est donné la peine d'apprendre *Pertharite*, *Othon*, *Suréna*, *Agésilas* ; et quand vous exaltez devant lui le génie de Corneille, il vous répond par des citations ridicules, prises dans les ouvrages de sa vieillesse : enfin Voltaire ne lui est connu que par le Dépositaire et la bataille de Fontenoy, Pandore et les Pélopides, Irène et la Femme qui a raison ; d'où il résulte que M. Lapérière ne perd pas une occasion de ravaler l'auteur de Mérope et de la Henriade.

Cet homme qui poursuit de sa critique minutieuse les plus beaux génies de la France, se croit lui-même à l'abri de la critique ; il se plaint, il s'indigne du jugement que j'ai porté de son œuvre comique, et veut par une lecture entière de sa pièce, me faire expier ce qu'il appelle l'injustice de mon sentiment.

Assis devant mon bureau, il a déployé son
ample manuscrit : déjà il s'est loué du choix
des noms caractéristiques de ses personnages ;
déjà il m'a prié de remarquer l'originalité de
ses rimes, l'harmonie singulière de ses vers,
qui, n'ayant point de césure, se rapprochent
davantage du style familier ; déjà mes premières
observations ont été, selon lui, victorieuse-
ment réfutées par l'éloge complet de ce que
j'ai blàmé !..... Je frémis en songeant qu'un
quart d'heure s'est écoulé, et que nous ne
sommes encore qu'au dix-septième vers du premier acte !.... J'appelle à mon secours les importuns dont j'ai maudit la visite quelques momens plus tôt.... Un silence effrayant me condamne à écouter M. Lapérière.

J'avais perdu toute espérance de salut, lorsqu'au bout de quelques minutes ma sonnette
s'agite avec violence. Je ne fais qu'un saut de
mon cabinet à la porte. J'ouvre malgré les cris
de M. Lapérière, et je fais entrer, avec le plus
flatteur empressement, un homme auquel, dans
toute autre circonstance, la froideur de ma réception aurait témoigné le peu de plaisir que
j'ai à le voir.

C'est le gros Fournier, espèce de brocanteur sans marchandises, de capitaliste sans fonds, que l'on rencontre partout, cherchant des affaires et faisant des dupes : il s'est fondé un crédit avec des signatures d'emprunt, et ne marche jamais sans un portefeuille plein de billets et de lettres de change, qu'il ne veut pas escompter, dit-il, par égard pour les signataires, dont les noms baroques sont rarement de la connaissance de quelqu'un. Il salue assez cavalièrement M. Lapérière, qui roule tristement son manuscrit, et sans autre préambule..... monsieur le Rôdeur, me dit-il, je viens vous désigner un sujet d'article excellent : *Les Faiseurs d'affaires.* C'est une mine inépuisable. — Mais, M. Fournier, il me semblait que vous-même étiez du nombre de ces faiseurs d'affaires. — Ne parlons pas de moi. En général, tous ces gens-là sont des chevaliers d'industrie ; et je viens tout exprès pour vous raconter un trait... — Qui ne me regarde point. — Vous vous êtes constitué le peintre des mœurs : il faut que vous connaissiez celles d'une foule d'individus d'autant plus dangereux, qu'ils cachent leur turpitude sous un faux air de politesse et de bon ton ; qu'ils séduisent par leur extérieur ; qu'ils inspirent de la confiance par une apparence de bonhomie, par un masque de dévouement qui ne vous permet pas de soupçonner leur fausseté. La plupart de ces faiseurs d'affaires n'ont pas le sou. Eh bien ! je ne sais comment ils s'y prennent ; ils font quelquefois des opérations d'une hardiesse..... d'un bonheur !..... Je viens d'être attrapé par un de ces malheureux qui, sans aucune espèce de fortune, mène un train de banquier. Le petit Saint-Germain,..... il m'a volé dix mille francs..... — Dix mille francs ! Il me semble pourtant que vous n'aviez pas..... — Ne parlons pas de moi. Saint-Germain déjeunait chez Durand. J'arrive pour consulter celui-ci sur une opération brillante, un bénéfice de vingt-cinq mille francs ! la première affaire un peu importante qui m'ait été confiée. plein de bonne foi, je suis entré avec Durand dans une foule de détails ; j'ai nommé les personnes, désigné les objets, les marchandises qui devaient former les garanties..... Durand m'a indiqué un banquier de la rue des Vieilles-Audriettes, qui m'avancerait les fonds né-

cessaires, moyennant un intérêt raisonnable.
Comme la célérité est un grand moyen de réussite, j'envoie sur-le-champ chercher un fiacre,
pour abréger la course.

» Pendant tout le temps que dura ma conversation avec Durand, Saint-Germain n'eut
pas l'air de prendre garde à nous : il parcourait tranquillement le *Journal des Débats*, et
savourait avec délices une tasse de vieux moka
qu'il tarissait en détail. Le fiacre arrive. Saint-
Germain annonce l'intention de sortir : je lui
offre une place dans ma voiture; il la refuse.
Je monte, et tandis que le cocher ferme la portière, Saint-Germain lui glisse une pièce d'or
dans la main. Il ne met d'autre condition à ce
cadeau, que de faire consentir le cocher à ra-
lentir le pas de ses chevaux aux deux tiers de
sa course. La chose convenue, Saint-Germain
monte derrière la voiture, profite d'un embarras qui nous arrête au détour de la Vieille
rue du Temple, pour s'esquiver sans être
aperçu.

» J'arrive, au bout de quelques minutes
chez le banquier. On m'annonce qu'il vient de
se renfermer dans son cabinet, avec une per-

sonne qui paraît avoir à traiter d'une affaire importante. Je ne veux pas lâcher pied, et je consens à faire sentinelle dans l'antichambre de M. Dumont. Une demi-heure s'écoule; la porte s'ouvre enfin, et je vois paraître Saint-Germain qui, sans le moindre embarras, s'avance vers moi, et me dit en souriant, l'affaire est conclue : je viens de la terminer à *notre* satisfaction; et saluant M. Dumont, qui me confirme ce que vient d'avancer notre chevalier d'industrie, il me prend gaiement sous le bras, et m'entraîne dans le fiacre où je me laisse conduire, étonné, stupéfait de son audace, et de son imperturbable sang-froid à donner au cocher l'adresse de mon client.

» Lorsque je fus un peu remis de ma surprise, je voulus entrer en explication..... Rien de plus simple, me dit Saint-Germain. J'ai trouvé l'opération excellente; je l'ai faite en mon nom. — Comment, lui dis-je, vous auriez eu l'effronterie? — Raisonnons, répliqua - t-il : c'est là, ce qu'en termes d'affaires nous nommons un coup de commerce. J'ai trop de délicatesse pour vous priver d'une affaire, mais aussi j'ai trop d'esprit pour vous laisser profiter seul de cette bonne fortune. Vous êtes convenu qu'il y avait un gain de 25,000 francs assuré : j'aurais beau jeu à en exiger la moitié ; mais je ne veux pas que vous ayez à vous plaindre de moi..... Donnez-moi 10,000 francs, je vous cède mon marché : j'espère que c'est agir en galant homme..... » J'eus beau me récrier contre l'injustice de ses prétentions, et l'inconvenance de son procédé, je fus obligé de lui abandonner une part de mes bénéfices..... Ne trouvez-vous pas ce trait affreux, horrible, épouvantable ? — Il est dans le genre de celui que vous fîtes l'an dernier. — Ne parlons pas de moi : c'est une chose toute différente. Je suis venu vous confier cette anecdote, dont la publicité peut être fort piquante : c'est un service que je vous mets à même de rendre à la société, en démasquant une classe d'hommes dont l'intérêt est l'unique loi. — Je vous en remercie, répondis-je à Fournier, que je n'avais plus d'intérêt à retenir, puisque M. Lapérière, désespérant de voir finir l'entretien, avait pris le parti de nous quitter ; je vous en remercie, et je vais sur-le-champ m'occuper de rédiger votre aventure. Je m'étais levé en disant ces paroles, et Fournier, qui m'avait parfaitement compris, se hâta de prendre congé de moi.

Je profitai du moment où j'étais seul pour substituer à l'article que j'avais tant de fois et si inutilement commencé, l'histoire des interruptions de la matinée.

N°. XVI. — 17 *Avril* 1820.

LE MINISTRE ET LE COMMIS

ou

LA CONDAMNATION A MORT.

———

> Tout s'arrange au hasard, et rien n'est à sa place.
> (VOLTAIRE, *Épître à un ministre d'état.*)

ON sonne.... C'est le chef de la sixième division qui demande à Gratien, l'un de ses garçons de bureau, si M. Monlac est arrivé.— M. Monlac, répond Gratien? oh! monsieur, il est toujours le premier à son poste; c'est l'employé le plus exact du ministère.—Vous croyez, Gratien? — Si notre administration renfermait une douzaine de travailleurs comme lui, la besogne du ministère serait mieux faite, et l'état y gagnerait une économie considérable ; mais fort heureusement il est le seul qui se pique d'une exactitude semblable. — Y a-t-il long-temps qu'il est ici ? — Dix-neuf ans, monsieur : il était ici deux ans avant moi. — A-t-il de la famille ? — Un garçon, et trois filles qui ne trouvent pas facilement à se marier. Monsieur sait que lorsqu'on n'a pas de fortune....— Monlac n'a donc rien ? — Rien que sa place du ministère, et un petit emploi chez un banquier, où il travaille trois fois la semaine, de six à dix heures du soir. — Et lui connaissez-vous des ennemis ? — Non, monsieur. J'ai quelquefois entendu ses camarades rire entre eux de son assiduité ; je les ai vus se moquer des scrupules du pauvre M. Monlac, qui, sous prétexte que l'état le paie, ne se permet aucune absence. —Savez-vous, Gratien, de quelles couleurs sont ses opinions ? — Non, monsieur ; il est très-réservé sur tout ce qui touche à la politique. —C'est une chose singulière ! On a cependant dépeint cet homme-là comme un être dangereux par sa conduite, ses principes ; et je ne sais par quel caprice Son excellence a mis en marge d'une dénonciation qui lui a été adressée, *à réformer pour opinion.* — Ah ! mon cher monsieur, le ministre a été trompé, je vous l'assure. Quant à moi, je n'aurai jamais le courage d'aller chercher M. Monlac, pour lui annoncer une pareille nouvelle. Je vais dire à Étienne de l'aller trouver de votre part.

Monlac était seul dans son bureau, lorsque le garçon vint l'avertir que le chef de division désirait lui parler. Il se lève, et se rend sur-le-champ auprès de lui. La physionomie, à la fois triste et sévère de son chef, l'embarras qu'il paraît éprouver pour entamer la conversation, tout jette une inquiétude vague dans l'âme de l'employé, qui n'ose prendre sur lui de l'interroger, et attend, avec anxiété, qu'il lui plaise de rompre le silence.

Mon cher, dit enfin le chef de division, en agitant devant lui quelques papiers insignifians, j'ai une bien mauvaise nouvelle à vous apprendre.—A moi, monsieur !—On se plaint de vous. — Vous m'étonnez. — Il paraît que votre opinion.... —A toujours été la même. Mon père est mort au service de Louis XVI ; j'ai moi-même été condamné à mort dans le temps, comme accusé de royalisme. — Vous avez été condamné ? — Oui, monsieur. Un ami de collége, dont l'opinion était opposée à la mienne, me procura les moyens de me soustraire, par la fuite, à cet arrêt inique. Au bout de quelques années, je reparus en France. Mon jugement était oublié. Le peu de fortune que je possédais étant dissipé, je sollicitai une place de commis ; je l'obtins, et depuis dix-neuf ans je l'ai remplie à la satisfaction de mes chefs. — Pendant ce temps n'avez-vous point changé de façon de penser ? — Non, monsieur. Conservant au fond de mon cœur le souvenir des bienfaits dont la famille royale avait autrefois comblé mes parens, je me suis soumis aux lois de l'empire. Sujet obscur d'un prince que les rois de l'Europe avaient reconnu pour leur frère, je ne me suis jamais refusé à l'obéissance qu'un citoyen doit au monarque qui gouverne sa patrie. Lorsque le roi a reconquis l'héritage de ses pères, on m'a vu changer l'obéissance en dévouement. Mettant en pratique les paroles royales, j'ai prêché de toute mon âme l'union et l'oubli. Persécuté autrefois pour des opinions qui triomphent maintenant, je n'ai point été persécuteur ; je n'ai demandé ni grâces ni faveurs, parce qu'il m'a semblé qu'il fallait les réserver pour attacher au roi ceux qui, pendant vingt ans, avaient usé leur existence au service de la patrie. — Ce que vous dites là me paraît fort raisonnable; mais il n'en est pas moins vrai que vous avez été calomnié auprès de son excellence, qui exige que vous lui donniez un garant assuré de votre opinion royaliste, pour conserver votre emploi. Occupez-vous-en tout de suite, et tâchez de me procurer les moyens de détruire l'impression fâcheuse qu'il paraît avoir prise de vos sentimens politiques.

Abattu par une pareille confidence, Monlac retourne à son bureau, qu'il n'abandonne que le dernier : il rêve en chemin à la manière dont il s'y prendra pour satisfaire aux désirs de ses chefs; il ne veut pas importuner ses amis, encore moins ébruiter son aventure. Il entre chez lui, et apprend en souriant, à sa femme, qu'on ne le trouve plus assez royaliste pour copier des lettres, ni assez pur pour dresser des bordereaux. Madame Monlac se refuse d'abord à croire les rapports de son mari; mais à la fin, convaincue de leur réalité, elle s'indigne de la petitesse de son excellence. Le reste de la journée se passe en plaintes d'un côté, et en imprécations de l'autre. Enfin le lendemain, Monlac va retourner à son ministère sans avoir rien décidé, lorsque sa femme se précipite dans ses bras et lui annonce qu'il est sauvé.

Mon ami, dit-elle à Monlac, tu fus condamné à mort en l'an III : te rappelles-tu le nom de celui qui présidait le tribunal révolutionnaire ? — M. Robin. — A merveille ! Sais-tu que ce citoyen Robin, alors l'un des coryphées du républicanisme, est devenu comte de l'empire et ministre du roi ? — Que m'importe ? — C'est l'homme qui ne te trouve pas assez pur pour expédier des circulaires. — Impossible ! M. le comte de Saint-Sevrin de la Marlière ?... — N'est autre que l'ancien procureur Robin. — Es-tu bien certaine de cette métamorphose ? — Très-sûre. Suis bien avec moi la route qu'il a parcourue. Robin, procureur en 1790, obligé de se cacher pour dettes en 1791, devient membre de la société des jacobins de Paris en 1792. Président du tribunal révolutionnaire en l'an III, il achète pour un million de biens nationaux , et *contribue* à la chute de Robers-pierre. En l'an V , il est nommé commissaire du directoire ; envoyé au conseil des cinq cents en l'an VI , il *contribue* en l'an VIII à la chute du directoire ; créé tribun en l'an XII , séna-teur en 1804 , comte en 1806, par l'empereur , il *contribue* à la chute de l'empereur en 1814. Robin de Saint-Sevrin de la Marlière est nommé grand cordon de la légion-d'honneur par le roi , en 1815 , et il sollicite une place de pair dans es cent jours. Heureux de ne l'avoir pas ob-tenue , le comte de la Marlière se retrouve em-ployé au retour de sa majesté. — Et voilà le royaliste qui me poursuit ! — Les renégats n'ont pas de tolérance. — En ce cas , je suis perdu. — Non , mon ami ; demande une audience au ministre , et réclame de lui un certificat qui constate l'opinion que tu professais en l'an III, et qu'il voulut punir alors ; il ne peut te le re-fuser : dans tous les cas , tu lèverais copie du jugement du tribunal.

Monlac a écrit au ministre ; il en a reçu la promesse d'une audience particulière. Notre employé , fort de la pureté de ses principes , de la loyauté de sa conduite , se présente devant son excellence. Il s'est bien promis, en secret, de ne montrer aucune inquiétude ; mais à peine a-t-il passé le seuil de l'hôtel du ministre, qu'un tremblement universel le saisit. C'est en bégayant qu'il décline son nom à l'huissier du cabinet ; c'est en tremblant qu'il lui remet le billet de son excellence, qui indique l'heure à laquelle il pourra l'entendre.

Trente personnes étaient déjà rassemblées dans la salle d'audience. Monlac se crut obligé de saluer tout le monde en entrant. Ce fut une politesse perdue, car personne ne prit garde à lui, pas même le chevalier de Silan qui, la veille, s'était épuisé en courbettes, pour obtenir du commis l'expédition d'un acte dont il paraissait avoir un besoin pressant.

Le ministre arrivé, chacun se précipite au-devant de son excellence. Monlac seul s'est retiré dans un coin ; on dirait qu'il n'ose faire valoir ses droits : vingt fois son tour est venu, et vingt fois notre timide employé s'est reculé modestement, en laissant un voisin plus pressé se mettre à sa place. Ce manége n'a pas été remarqué de son excellence, qui, après avoir donné 'eau bénite de cour à tout le monde , se serait retiré sans parler à son commis, si celui - ci , à force de se reculer, ne s'était heureusement trouvé sur le passage de M. le comte de la Marlière.

Qui êtes - vous ? Que voulez - vous ? telles furent les premières paroles que le ministre adressa à Monlac. — Monseigneur, dit le pauvre commis en se courbant jusqu'à terre , et en regardant son chapeau qu'il roulait entre ses doigts, je viens vous demander..... — Quoi? dit son excellence : soyez bref ; j'ai peu de temps à perdre. Vous voulez une place ?— Monseigneur j'en ai une dans vos bureaux. — C'est différent. Vous vous nommez ?..... — Monlac. — Il me semble que ce nom-là ne m'est pas inconnu ! — Ah ! monseigneur !..... dit en s'inclinant l'honnête commis, qui s'imagine que la mémoire du ministre se reporte à une époque éloignée ! — Que me voulez - vous ? de l'avancement , un changement de bureau, de division ? Expliquez-vous , je suis pressé. — Monlac étonné , prend un peu de courage et d'aplomb : il ose regarder monseigneur, qui, dans son impatience, joue avec son jabot et triture une prise de tabac qu'il a puisée dans une tabatière d'or dont le dessus représente l'entrée d'Henri IV à Paris, sur un fond parsemé d'abeilles. Je viens, dit l'employé, réclamer la justice de votre excellence, sur la fausseté d'un rapport qui lui a été adressé de l'extérieur, et la prier de suspendre son jugement jusqu'à ce que je lui aie prouvé la franchise de mes opinions, et la sincérité de mon attachement à l'auguste famille..... — Ah! j'y suis, réplique son excellence. Oui, oui, c'est sur vous que j'ai reçu des plaintes!... Eh bien! voyons; que direz-vous pour vous justifier? C'est bien difficile! — Ah! si monseigneur voulait aider un peu à ma mémoire! — Moi! — Oui, monseigneur. — Est-ce que j'ai quelquefois été dans la confidence de vos opinions? — Oui, monseigneur. — Voilà qui est plaisant! Et quand cela, s'il vous plaît? — En 1793 et 1794. — *Hein!* dit vivement son excellence, dont la parole devenait plus brève et la contenance plus modeste. —Je dis, monseigneur, que personne au monde ne peut mieux que vous certifier mon royalisme. — Vous extravaguez. — Du tout, monseigneur. — C'est impossible. —En 1793 et 1794.....—

Eh bien! après? — Vous étiez président d'un tribunal. — Jamais un Lamarlière..... — Sous le nom de Robin! — Robin. — Oui, monseigneur; c'est bien vous-même..... Il me semble encore vous entendre dire : *Au nom de la république française, nous condamnons à mort le citoyen.....* — Effectivement..... Attendez donc..... Je crois me rappeler..... — *Le citoyen Joseph Monlac, comme prévenu d'avoir dit de la république qu'elle ne pouvait pas subsister long-temps.* — J'y suis..... Ah! c'est vous qui fûtes condamné à mort!.... Eh bien! cela n'a pas eu de suite, à ce qu'il paraît. Vous voilà bien portant! — Je désirerais que votre excellence (que je prie d'excuser mon importunité) voulût bien me donner un certificat qui constate qu'elle m'a condamné à mort en l'an III. — Mais, mon cher, je ne sais si je dois... —Votre excellence exige des preuves de mon opinion royaliste; et celle-là..... — Vous devez penser que je ne puis..... C'est singulier que votre nom me soit sorti de la mémoire!..... Il est vrai qu'à l'époque dont vous parlez, nous en avons tant vu! — Monseigneur, je vous prie en grâce, de ne pas me refuser. Le chef de division ne m'a donné que deux jours; le délai est près d'expirer, et si je ne lui fournis pas la preuve qu'il m'a demandée par vos ordres, il m'a menacé d'une suppression....... — Soyez tranquille..... Le ministre sonne ; l'huissier vient , et le chef de division mandé sur-le-champ se présente devant son excellence. Monsieur, dit le comte de la Marlière, j'ai été induit en erreur ; jamais on ne fut plus digne d'estime et d'intérêt que votre employé : vous lui donnerez la place de sous-chef, vacante par la démission de M. Daudet, et je vous assure, mon cher , continua-t-il en s'adressant à Monlac , que je n'en resterai pas là.

Monlac prend congé de son excellence , dont il exalte les vertus, la justice, la générosité... Il est sous-chef pendant trois mois , et reçoit sa retraite au premier janvier. Il avait vingt ans de service. On faisait des réformes , des économies ; et le ministre, auquel il appela de ce qu'il nommait une injustice, ne put jamais trouver le temps de répondre à ses réclamations, ou de lui accorder un nouveau rendez-vous.

N°. XVII. — *4 Mai* 1820.

UN SUICIDE.

Et rose elle a vécu ce que vivent les roses ,
L'espace d'un matin.
(Malherbe.)

L'anglomanie a fait, depuis un siècle , de grands progrès en France. Nous avons tour à tour emprunté aux Anglais leurs chevaux , leurs habits , leurs ridicules, et jusqu'à ce mépris de la vie, qui fait consister le courage à se donner la mort pour éviter des malheurs qui ont un terme , et des souffrances dont on peut guérir.

Cette manie de disposer de soi avant le temps, de sortir de la vie au premier chagrin qu'elle vous cause devient, de jour en jour, plus commune et plus affligeante ; elle s'empare, d'une manière effrayante, de toutes les classes de la société; elle triomphe de l'âge, du sexe, de l'éducation, des lumières de celui qu'elle atteint : de jeunes écoliers ont volontairement terminé leur existence dans un âge où ils n'avaient pu en connaître le prix; des vieillards impatiens ont retranché de leur vie les huit jours qu'ils étaient condamnés à passer encore sur la terre! La plus légère douleur, la plus faible contrariété, est devenue le prétexte d'un suicide; et la religion essaie en vain d'arrêter ce funeste égarement, en rappelant à l'homme qu'à Dieu seul appartient le droit de compter les jours qu'il doit végéter ici-bas.

J'entends des moralistes commodes accorder à l'homme le droit de disposer de sa vie pour se soustraire au déshonneur; mais qu'entendent-ils par ce mot? Ne confondent-ils pas ensemble deux choses bien distinctes? Le déshonneur est dans la faute, dans le crime, et non dans le châtiment. Qu'un assassin se dérobe, par une mort volontaire, au supplice qui l'attend, il n'en reste pas moins coupable, et par conséquent déshonoré.

Un jeune homme est chargé de recouvrer une somme importante. Muni de ce fatal trésor, il le contemple avec des yeux d'envie ; il n'a point le désir de se l'approprier, et cependant il serait bien aise d'en posséder une partie légitimement. Comment faire ?..... Son esprit conçoit le dessein de tenter la fortune..... Il monte dans un de ces horribles tripots où vont s'engloutir tant d'espérances !..... Il risque, en tremblant, quelques écus..... Le bonheur lui sourit, et déjà le jeune malheureux se flatte de l'enchaîner... Il devient plus hardi ;... mais la chance tourne, et bientôt il ne lui reste plus que l'argent nécessaire pour acheter l'arme meurtrière qui doit servir à sa destruction !..... Je le demande à tout homme sensé : le malheureux s'est-il soustrait au déshonneur ? Non. Avec un peu plus de courage, il aurait supporté la vie pour racheter sa faute. En se tuant, qu'a-t-il réparé ? Rien. Il a plongé dans la douleur une famille dont il était peut-être l'unique consolation ; il a privé celui dont il a trompé la confiance de l'espoir de recouvrer ce qu'il lui avait dérobé !..... il a ajouté un dernier crime à celui qu'il venait de commettre !

Celui qui compte la vie pour rien comptera bientôt la vertu pour peu de chose. Tous les devoirs que lui imposent la société, sa patrie, sa famille, seront autant de liens gênans dont il se débarrassera à la première occasion. Une fausse philosophie a fait du néant un refuge commode contre l'oppression, le malheur ou l'ennui, et je viens d'avoir une nouvelle preuve de l'application de ce déplorable système.

M. le duc de Sénancourt (c'est le nom que j'emprunte pour déguiser le nom de famille du jeune héros de cette anecdote), poursuivi par ses ennemis, avait porté sa tête sur l'échafaud en 1793. Sa femme était morte en prison; et leur jeune fils, âgé de douze ans, sans parens, sans fortune, puisque les assassins s'étaient emparés de celle de leurs victimes, se trouva abandonné aux soins d'une vieille gouvernante, qui aurait voulu pouvoir donner sa vie pour racheter celle de ses maîtres. Madame Gallocheau possédait, aux environs de Soissons, une petite ferme qui lui donnait huit cents livres de rente; elle avait placé quelques économies chez de riches et honnêtes négocians; et comme elle unissait aux goûts les plus

4. 13*

simples, les mœurs les plus pures, elle trouvait le secret d'être heureuse avec sa modique fortune.

Dès qu'elle eut appris le malheureux sort du duc et de sa femme, elle se promit bien de les remplacer auprès du jeune Henri de Sénancourt. Les anciens amis de sa famille n'osèrent s'intéressser au petit orphelin, dans la crainte de se compromettre. Un de ses oncles, le seul parent qui lui restât du côté de son père, avait émigré; et recevoir de ses nouvelles était alors une chose impossible. Un vieux domestique de la famille de Sénancourt, auquel, vu son grand âge et ses anciens services, la duchesse avait assuré une rente viagère de 1,500 livres, fut le seul qui prit intérêt à son jeune maître : il voulut aussi lui être bon à quelque chose, et ce digne vieillard offrit la moitié de sa pension à madame Gallocheau, afin de contribuer à l'éducation d'Henri.

La bonne gouvernante avait espéré de trouver quelques ressources auprès des débiteurs du duc; mais, à cette époque, une loi qui portait l'empreinte des fureurs du temps, ordonnait à tous les débiteurs des condamnés, de déclarer au gouvernement les sommes dont ils leur étaient redevables. Les plus hardis, disons mieux, les plus fripons, gardèrent le silence, et s'acquittèrent ainsi ; d'autres convinrent d'une partie de leur dette : les plus timides avouèrent tout ; les plus honnêtes et ceux-là étaient en petit nombre, crurent pouvoir désobéir à cette loi sanguinaire, sans frustrer leur créancier : ils attendirent qu'un nouvel ordre de choses leur permît d'être probes sans se compromettre, et de payer leurs dettes sans courir les risques de la prison.

Doué d'un caractère heureux, d'une figure intéressante, Henri s'était peu à peu accoutumé à l'obscurité de sa situation ; souvent il donnait des larmes à la déplorable destinée de ses parens : cette sensibilité contribuait à augmenter ses peines ; la tendresse de sa gouvernante, ses égards, son respect, le soin qu'elle prenait de lui donner une éducation que n'aurait pas désavouée son illustre famille, ne pouvaient l'arracher à une funeste mélancolie, non qu'il regrettât le rang qu'il aurait pu occuper dans le monde, la fortune que le destin lui avait enlevée ; mais seul, délaissé par les anciens amis de ses parens, le jeune enfant ne voyait qu'en tremblant l'avenir qui se préparait pour lui.

Une maladie aiguë vint ajouter à ses chagrins ; mais sa jeunesse et les soins multipliés de sa gouvernante et du vieux Gervais, triomphèrent du danger. Rendu à la vie, Henri effaça de sa mémoire les premières années de son existence, et il se soumit avec résignation à la volonté de Dieu, qui semblait l'avoir réservé pour jouir d'un sort calme et tranquille. La paix est presque le bonheur.

Henri de Sénancourt faisait d'heureux progrès ; ses maîtres rendaient justice à ses brillantes dispositions. Le séjour de la capitale aurait été nécessaire pour compléter ses études ; mais les moyens bornés de la bonne gouvernante ne lui permettaient pas d'aller s'établir à Paris, et, pour tout au monde, Henri n'aurait pas voulu se séparer de ceux qui lui tenaient lieu de famille.

Il avait seize ans lorsqu'il reçut une visite singulière qui apporta quelqu'adoucissement à son sort. Un ancien débiteur de sa famille, qui n'avait point révélé à la nation la nature de ses

engagemens, était mort en chargeant son fils
de chercher partout l'héritier des Sénancourt,
afin d'acquitter sa dette. Après un grand nombre de démarches infructueuses, M. Durand
avait découvert que le jeune Henri habitait la
province avec ses anciens serviteurs. Il partit,
et vint apporter au jeune homme une somme
de quarante-six mille francs, y compris les intérêts qui s'étaient accumulés depuis l'époque
de l'échéance. La surprise et la joie de Henri
furent extrêmes ; il combla d'actions de grâces
le généreux débiteur de son père, qui s'étonnait lui-même qu'on louât ainsi une action
toute simple.

M. Durand avait été frappé de l'extérieur
modeste du jeune de Sénancourt. Il questionna
le vieux Gervais, et il apprit, avec chagrin,
qu'il ne restait rien à Henri de la fortune de son
père. On lui montra ses études : elles annonçaient une grande facilité ; mais, par malheur,
les deux vieillards avaient dirigé l'esprit de
Henri vers des talens plus utiles qu'agréables.
Persuadés que le gouvernement républicain
tomberait au premier choc, et que les Bourbons remontant sur le trône de leurs ancêtres

aboliraient tout ce qui s'était fait en leur absence , ils s'étaient empressés de donner à
leur pupille une éducation qui se rapprochait
de sa naissance. M. Durand demanda la permission de passer quelques jours au milieu de
la famille : il examina avec soin le jeune Henri,
son caractère lui plut, et dès le troisième jour
il s'ouvrit à lui.

Les propositions qu'il lui fit étaient de nature
à assurer pour jamais l'existence du jeune
homme. Monsieur, dit-il à Henri , votre père a
rendu de grands services au mien , et souvent,
en restituant l'argent qui nous a été prêté, l'on
ne s'est point acquitté entièrement. Je me regarde encore comme comme votre débiteur. Je
suis négociant. J'ai besoin d'un commis intelligent , dans lequel je puisse placer ma confiance. Permettez-moi de vous offrir cet emploi.
Vous ne quitterez point vos bons vieux amis ;
j'ai un petit corps-de-logis où vous demeurerez
tous les trois. Vos appointemens croîtront en
raison de l'importance de vos travaux ; mais
j'ai conçu de vous une opinion avantageuse : je
vous offre cent louis ; et pour nous lier davantage , je vous demande une partie des fonds que

je vous ai remis, afin de les placer dans mon commerce.

M. de Sénancourt accepta avec transport la proposition du négociant. On alla s'établir à Paris. M. Durand avait une fille plus jeune que Henri, dont la naissance avait coûté la vie à sa mère. Rosine, à quatorze ans promettait d'être charmante ; elle était déjà jolie, douce, aimable et spirituelle. Unique héritière, sa fortune devait être considérable : c'était sous tous les rapports un parti extrèmement avantageux. M. Durand avait déjà reçu plusieurs demandes pour elle : de nouveaux grands seigneurs, qui auraient été bien aises d'enrichir leur noblesse, s'étaient mis sur les rangs ; mais notre honnête négociant avait déclaré qu'il laisserait sa fille maîtresse de son choix. Ce fut avec un vif sentiment de plaisir qu'il s'aperçut de l'impression qu'elle avait faite sur le cœur de Henri. Il ne tarda pas à reconnaître que Rosine partageait, peut-être à son insu, le sentiment qu'elle inspirait. Heureux de pouvoir contribuer au bonheur du fils de son bienfaiteur, dont le zèle et l'intelligence avaient puissamment aidé à la prospérité de son commerce, M. Durand l'associa à sa maison, et lui offrit la main de sa fille.

Ce mariage comblait tous les vœux de M. de Sénancourt. A dix-neuf ans, il se vit associé à l'une des plus fortes maisons de commerce de la capitale. La fortune et l'amour s'unissaient pour embellir sa vie. Gervais et madame Gallocheau s'étaient enfin habitués au gouvernement ; ils avaient renoncé à l'idée de voir leur jeune maître recouvrer son ancienne illustration, et se réjouissaient de son bonheur. Leur vieillesse était entourée d'une sorte de considération. Henri avait attaché à leur personne un domestique intelligent, qui les servait avec beaucoup d'exactitude, et les deux vieillards étaient de toutes les fêtes de la famille Sénancourt.

Les jeunes époux vivaient dans la plus parfaite intelligence. Madame de Sénancourt accoucha d'un garçon qu'elle voulut allaiter elle-même. L'enfant grandissait sous les yeux de ses parens, qui mettaient en lui leurs plus chères espérances. Gervais mourut après avoir souri aux premiers essais du fils de son maître, et la bonne Gallocheau s'éteignit dans les bras de madame de Sénancourt, qui avait toujours eu pour elle les soins les plus empressés et les plus délicats.

M. de Sénancourt, qui, dans son commerce, avait trouvé le moyen de rendre quelques services à l'état, en fut heureusement récompensé. L'empereur le créa baron, et le nomma chevalier de la Légion-d'Honneur. Les journaux publièrent cette honorable distinction, et M. de Sénancourt reçut, quelques mois après, une lettre de son oncle qui vivait à Vienne. Le duc de B.... témoignait à son neveu tout son mécontentement de la conduite qu'il avait tenue depuis la mort de ses parens : il le blâmait de s'être adonné au commerce, d'avoir dérogé en s'alliant à une famille plébéienne, et surtout d'avoir servi un gouvernement élevé sur les bases de la révolution. Il lui ordonnait de tout quitter pour venir le rejoindre en Allemagne, et lui enjoignait de renvoyer à Buonaparte les faveurs qu'il en avait reçues. Le duc de B.... menaçait son neveu de faire casser son mariage, s'il persistait à vivre sous l'empire des nouvelles lois françaises. On ne peut se faire une idée de l'orgueil du duc. Son attachement

à la famille de ses anciens rois avait un caractère particulier ; il tenait, à la fois, de la religion, de l'habitude, du sentiment et du pré-
jugé ; mais telle était sa force, qu'il avait
refusé sa radiation, et qu'il préférait végéter en
Allemagne, dans un état voisin de l'indigence,
plutôt que de vivre en France avec une partie
de ses propriétés, dont on lui avait offert la
restitution.

Cette lettre ne changea rien à la situation
de la famille Sénancourt ; seulement elle apprit
à Henri que son oncle vivait encore : depuis
long-temps on le croyait mort. Le silence qu'il
avait gardé jusqu'alors était de nature à for-
tifier le bruit qui en avait couru quelques années auparavant. M. de Sénancourt alla trouver
l'ambassadeur d'Autriche, qui lui annonça que
le duc de B...., dont les opinions n'avaient pas
varié depuis 1789, habitait le faubourg de
Prague, et y vivait très-modestement d'une
petite pension que lui faisait le gouvernement
autrichien. Henri le chargea de faire remettre
à son oncle une somme assez considérable, en
taisant son nom ; et, pour ne pas blesser sa délicatesse, il fut convenu que l'ambassadeur la

lui ferait parvenir comme le remboursement d'une ancienne dette qui avait été déposé dans ses mains. Une fois la chose arrêtée, Sénancourt écrivit au duc, pour le remercier de son invitation, de ses conseils, et lui dire qu'aucune considération humaine ne lui ferait manquer à ce qu'il devait à sa femme, à son fils, à lui-même. Il informa son oncle de la conduite noble et désintéressée de M. Durand à son égard ; il lui confia que n'ayant jamais quitté la France, il avait dû se soumettre aux lois qui la régissaient, et que son opinion personnelle n'ayant pour but que le bonheur de son pays, il lui était impossible de partager ses vues politiques. M. de Sénancourt finissait sa lettre en priant son oncle d'excuser la différence qui se trouvait entre leurs façons de penser, et en l'assurant qu'elle n'affaiblissait en rien les sentimens de tendresse et de respect qu'il lui devait. Le duc ne répondit point à la lettre de son neveu.

M. Durand mourut. Ce fut le premier chagrin réel qu'éprouva M. de Sénancourt. Un mois avant sa mort, le digne négociant avait retiré chez lui la fille d'un de ses parens, deve-

nue orpheline à l'âge de cinq ans ; il la recommanda à son gendre , qui promit de lui servir
de père. En effet , elle eut les mêmes maîtres
que le jeune Adolphe , et M. et madame de Sénancourt la traitèrent comme leur fille.

Le duc de B... rentra en France en 1817 seulement. Son neveu , dès qu'il fut instruit de
son arrivée , se présenta à son hôtel , et ne put
y être reçu. Il écrivit à son oncle , qui , fidèle
à son orgueil , lui renvoya sa lettre sans l'avoir
décachetée. Un pareil procédé prouva à M. de
Sénancourt que ses instances seraient inutiles :
il n'osa pas les réitérer.

Adolphe avait quatorze ans. Ce jeune homme, d'un caractère extrêmement timide , d'un
esprit faible , et d'une santé chancelante , n'a-
vait jamais quitté ses parens. Cet unique rejeton de la famille Sénancourt était l'objet
de toute leur sollicitude. La tendresse maternelle l'avait habitué , dès l'enfance , à voir ses
moindres désirs prévenus : il en résulta qu'A-
dolphe devint , presque sans y songer , exigeant , volontaire ; la moindre contrariété était
un accident qu'il ne pouvait supporter ; il s'ir-
ritait du plus léger obstacle , et , par malheur ,

il n'avait ni la volonté d'en triompher, ni le courage de le vaincre : la plus faible résistance à ses vœux le jetait dans l'abattement, et le plongeait dans une espèce de mélancolie sombre et chagrine : une seule personne avait alors la permission de l'approcher, et le pouvoir de le rendre à la société. Nancy, cette jeune parente orpheline, autrefois recueillie par M. Durand, était l'enchanteresse qui opérait un semblable prodige.

La famille s'était de bonne heure aperçue de l'espèce d'empire que Nancy avait pris sur le caractère d'Adolphe. Plus âgée d'un an que son cousin, la jeune fille avait aussi l'esprit plus vif, la raison plus éclairée ; elle possédait surtout une volonté ferme et une patience angélique. Les premiers maîtres d'Adolphe s'étant plaints de la paresse de son intelligence, elle pensa, avec raison, qu'une légère émulation éveillerait son amour-propre. Elle demanda la permission de partager ses travaux. Adolphe fut d'abord humilié de se voir éclipsé par Nancy, mais elle mit tant de modestie dans son triomphe, que non-seulement le jeune homme lui pardonna ses succès, mais encore qu'il accepta, avec reconnaissance, l'offre que lui fit l'aimable enfant de l'aider dans ses progrès. La douceur de Nancy fit plus que toutes les démonstrations scientifiques des professeurs. Un coup d'œil, un sourire, un mot obligeant étaient la récompense qu'elle accordait à son cousin, lorsque celui-ci s'était distingué par son application. Un air froid, tant soit peu sévère, le *tu* si doux au cœur, remplacé par un *vous* bien sec, tels étaient les châtimens qu'elle réservait à Adolphe, lorsque, par hasard, il se ralentissait un peu dans l'exercice de ses devoirs.

Dans les commencemens on s'était beaucoup amusé de l'heureuse intelligence qui régnait entre ces deux enfans. Le seul désir de plaire à sa cousine, d'obtenir son approbation, suffisait pour exciter l'émulation d'Adolphe; il faisait des progrès rapides, dont ses maîtres s'attribuaient tout l'honneur. Sa mère jouissait, en silence, des succès de son fils; elle protégeait, de tout son pouvoir, l'innocent empire de Nancy; elle assistait aux leçons des professeurs, quelquefois même elle venait se placer en tiers dans l'entretien des enfans, et n'en

sortait jamais sans être émerveillée de la justesse
des raisonnemens de l'intéressante orpheline.

Adolphe venait d'atteindre sa seizième année, lorsqu'il fut attaqué d'une maladie dont
le caractère grave semblait présager un grand
danger. Le médecin de la famille Sénancourt
confia aux parens les craintes qu'il avait con-
çues ; d'autres médecins furent appelés ; une
consultation eut lieu. A genoux, devant la
porte du cabinet où les quatre docteurs étaient
renfermés, Nancy, l'oreille au guet, ne perdit
pas un seul mot de la consultation ; elle apprit
que la vie de son cousin dépendait, en quelque
sorte, d'une continuité de soins munitieux qu'il
est difficile d'espérer de toute autre que d'une
mère ou d'une épouse. La moindre négligence
pouvait devenir fatale à son cousin ; mais des
soins assidus pouvaient aussi contribuer d'une
façon efficace à hâter sa guérison. Nancy court
se jeter aux pieds de madame de Sénancourt ;
elle implore comme une grâce, l'emploi de
garde-malade auprès d'Adolphe : on hésite,
on balance à céder à ses désirs ; mais la jeune
orpheline annonce que son parti est pris : elle
révèle ce qu'elle vient d'entendre, et le cœur

d'une mère au désespoir se rend aux prières de l'innocence et de l'amitié.

Nancy s'établit au chevet du lit de son cousin. Cinq jours se sont écoulés, et la jeune fille n'a pas quitté un seul instant la chambre d'Adolphe. L'état du malade n'a point empiré ; mais son salut dépend d'une crise salutaire que l'art cherche à provoquer, et qu'il n'a encore pu obtenir. Quoique sans connaissance, on dirait qu'Adolphe *devine* sa cousine ; il repousse de la main tout ce qui ne lui est pas présenté par elle ; il sourit machinalement à son approche, et le son de sa voix est le seul qui semble arriver jusqu'à lui. Dès qu'elle lui parle, il tourne vers elle un œil presque éteint, où brille encore un faible rayon d'existence. Également insensible pour tout le monde, il a perdu tous les souvenirs qui ne se rattachent pas à la jeune orpheline : peu s'en faut que madame de Sénancourt ne soit jalouse de Nancy... Ce sentiment pénible a pesé un instant sur le cœur de la mère d'Adolphe !

Enfin la crise tant désirée arrive ! elle augmente les craintes et l'espérance de la famille. Nancy, dont rien ne peut affaiblir le zèle ou

lasser la patience, a passé une partie de la nuit
en prières, au pied du lit d'Adolphe ; son amitié épie tous les mouvemens du malade ; elle
interprète les plus légers symptômes, et son
cœur plein de confiance, d'amour et de piété,
espère en la miséricorde divine. Après quelques heures de souffrances aiguës, qui ont épuisé
les forces d'Adolphe, et déchiré l'âme de Nancy, le moribond soulève un peu sa tête, et le
nom de sa cousine vient mourir sur ses lèvres.
Un regard suppliant de la jeune fille impose
silence au malade, et des pleurs de joie s'é-
chappent de ses yeux. Le médecin consulte le
pouls d'Adolphe, en se tournant vers madame
de Sénancourt, dont l'anxiété était extrême,
il lui annonce que son fils est sauvé..... —
Sauvé ! dit la mère en se jetant dans les bras
de Nancy. — Sauvé ! murmure en soupirant la
jeune fille, et ses genoux faiblissent : son
émotion est si violente, qu'elle est prête à s'é-
vanouir.

Assuré du salut de son cousin, Nancy quitta
sa chambre, et, pour la première fois depuis
six jours, elle prit quelques heures de repos.
Madame de Sénancourt la remplaça auprès d'A-

dolphe , dont la convalescence fut extrêmement rapide. Un souvenir confus rappelait au jeune homme tout ce qu'il devait à la tendre amitié de sa cousine : cependant il n'osait interroger sa mère , et c'était avec un sentiment de crainte qu'il s'informait de la santé de Nancy , qui , du moment où Adolphe put se passer de ses ser-vices , ne reparut plus auprès de lui. La pauvre fille se tenait constamment dans la pièce à côté , et là elle présidait encore au traitement du malade.

Adolphe est enfin rétabli ; mais l'ordre du médecin le retient encore dans sa chambre : on ne veut pas lui permettre d'essayer ses forces , dans la crainte qu'il n'en abuse. Cependant le jeune homme , privé de voir sa cousine , sou-pire ardemment après le moment où il pourra lui offrir le témoignage de sa reconnaissance. Dans l'intention de hâter cet instant fortuné , il s'est levé tout doucement , et , après avoir fait deux ou trois tours dans sa chambre , il entr'ouvre sa porte , afin d'arrive à l'apparte-ment de sa mère..... Qu'on juge de sa surprise et de sa joie ! il retrouve dans la pièce qui suit, sa jeune cousine agenouillée devant un *prie-dieu!* Toute entière à la dévotion, elle n'a rien entendu. Adolphe la contemple avec respect et attendrissement ; il veut attendre la fin de ses prières ; mais un meuble qu'il vient de heurter, a trahi sa présence. Nancy, effrayée, se retourne, jette un cri, et, s'avançant à sa rencontre, elle lui reproche son imprudence. Adolphe n'a pas de peine à obtenir son pardon ; mais on exige du convalescent qu'il abrége sa première visite, et, malgré ses instances pour la prolonger, il est forcé d'obéir à sa cousine.

Adolphe ne se récrie plus sur la défense de son médecin ; il consent maintenant à garder la chambre aussi long-temps qu'on le voudra. Nancy n'ose s'avouer qu'elle est pour beaucoup dans cette prudente résolution ; et le lendemain, elle reçoit une seconde visite de son cousin, qui, dit-il, serait heureux de lui consacrer l'existence que ses soins généreux lui ont conservée.

L'amour ne peut se cacher long-temps : celui des deux jeunes gens fut bientôt connu de toute la maison. Madame de Sénancourt en parla à son mari, et tous deux crurent ne pas devoir contrarier l'inclination de leurs enfans.

Avec tout autre, l'âge de Nancy eût pu être un obstacle ; mais M. de Sénancourt pensait, avec raison, que la faiblesse de caractère d'Adolphe se trouverait heureusement balancée par la raison et la fermeté de sa cousine : c'était un guide qu'il donnait à son fils. Un motif louable se joignait encore à cette façon de penser : il était doux au cœur de M. de Sénancourt de rendre à la famille Durand une part du bien qu'il en avait reçu. Le mariage des deux enfans fut secrètement arrêté entre les parens ; seulement ou recula de quelques années l'époque de la célébration.

Dans cet intervalle, une grande infortune vint accabler la famille. M. de Sénancourt mourut d'une chute de cheval. Dans le malheur commun, personne ne pensa à soi. La douleur que l'on ressentait rendait insensible à tout autre sentiment. Adolphe et Nancy pleuraient ensemble, et s'efforçaient d'adoucir, par leurs caresses, le chagrin de madame de Sénancourt, qui était inconsolable.

A ce malheur irréparable vint se joindre une nouvelle contrariété. Le duc de B....., instruit de la mort de son neveu, se fit écrire chez sa

veuve, et quelques jours après il lui fit demander la permission de lui présenter ses hommages. Madame de Sénancourt, étonnée d'une
pareille démarche, n'osa refuser l'oncle de son
mari ; et le duc, exact au rendez-vous qui lui
avait été indiqué, se présenta en grand équipage chez sa nièce.

L'âge avait encore fortifié les préjugés du
duc ; il voyait avec peine le dernier rejeton
des Sénancourt destiné à continuer d'exercer
la profession de commerçant. Il voulait l'arracher à ce qu'il appelait une occupation *ignoble*.
Le métier des armes était, selon lui, le seul qui
convînt à son petit-neveu, et c'est pour engager sa mère à prendre un tel parti, qu'il avait
sollicité cette entrevue. Madame de Sénancourt
voulut ménager l'amour-propre de son oncle ;
elle se rejeta sur la faiblesse de la santé d'A-
dolphe, sur ses goûts simples qui l'éloignaient
du grand monde, sur l'habitude contractée de
bonne heure d'une vie uniforme et paisible,
qui concentrait ses devoirs, ses plaisirs, ses
affections au sein de sa famille : cependant elle
promit au duc de sonder les dispositions de son
fils, et de lui faire part de sa résolution.

Le duc crut entrevoir dans cette promesse une première déférence à son opinion ; il se retira plein de l'espoir qu'une seconde visite serait encore plus décisive. Madame de Sénancourt consulta son fils sur ce qu'elle devait répondre à son oncle. Adolphe rejeta toute espèce de proposition, dont le but était de le séparer de sa mère et de Nancy. Des honneurs le tentaient peu. Sa vie avait jusqu'alors été si heureuse, qu'il ne concevait pas qu'elle pût l'être davantage. Sa mère, en faisant part de son refus au duc, l'adoucit avec beaucoup de délicatesse ; et telle était l'adresse dont elle se servit, que M. de B..... se persuada qu'elle partageait ses désirs et ses regrets.

On dit, avec raison, qu'il n'y a que le premier pas qui coûte. Le duc était resté tranquille tout le temps que son neveu avait vécu ; mais maintenant qu'il avait hasardé une tentative, il ne voulut pas en rester là : il renouvela ses démarches auprès d'Adolphe ; mais, ni la peinture brillante des faveurs de la cour, ni la promesse d'employer son crédit, très-puissant alors, à l'avancement de son neveu, ne purent triompher des sages résolutions du jeune Sénancourt.

Le duc, une fois piqué au jeu, n'abandonnait pas aisément la partie : il revint plusieurs fois à la charge ; et, il faut bien en convenir, Adolphe, lassé de ses persécutions, opposait moins de résistance aux vœux de son oncle ; non qu'au fond du cœur il se sentît disposé à lui obéir ; mais, ainsi que je l'ai déjà dit, Adolphe n'avait pas dans le caractère assez de force pour combattre long-temps.

Madame de Sénancourt qui, depuis la mort de son mari, n'avait pas cessé d'être triste et souffrante, tomba sérieusement malade. Ni la science des médecins, ni les soins tendres et continuels de sa famille, ne purent la sauver. Elle mourut dans les bras de sa chère Nancy ; mais avant de mourir, elle la recommanda à son fils, et bénit de nouveau leur union. Le duc avait régulièrement envoyé, tous les matins, chez sa nièce, et à la nouvelle du danger inévitable qui la menaçait, il ne put réprimer un mouvement de satisfaction, en pensant que ses projets auraient un adversaire de moins.

On était alors vers l'automne de 1819. La famille, flattée de l'intérêt que ce seigneur avait bien voulu prendre à ses parens, lui fit proposer la tutelle d'Adolphe : il l'accepta avec plaisir, et renouvela ses instances auprès du jeune homme, pour l'obliger à quitter sa profession. Nancy, qui était l'àme des conseils de Sénancourt, s'opposait de toutes ses forces, à cet abandon ; le duc, qui s'aperçut de l'influence de l'intéressante orpheline, crut qu'il était prudent de la séparer de son cousin. Nancy touchait à sa dix-neuvième année : on la plaça dans un pensionnat, en attendant que M. de B... eût trouvé, disait-il, un parti qui lui convînt.

Adolphe se plaignit amèrement de cet abus d'autorité, et, pour le faire cesser, il déclara à son oncle que son mariage avec Nancy avait, depuis long-temps, été arrêté par ses parens, qu'aucune puissance sur la terre ne parviendrait à rompre des nœuds fondés sur l'amour, sur l'estime, et qui avaient obtenu l'approbation de sa famille ; qu'il était, plus que jamais, résolu à offrir sa main à Nancy, et qu'à l'expiration de son deuil, il deviendrait, en dépit de tout le monde, l'époux de sa cousine. Le duc eut beau lui représenter qu'une telle union était inconvenante ; que le dernier rejeton des

Sénancourt pouvait prétendre aux plus hautes alliances ; qu'il n'était pas une famille illustre dans tout le royaume qui ne se tînt honorée de lui donner sa fille, Adolphe n'en persista pas moins dans ses intentions à l'égard de Nancy. Après avoir épuisé les raisonnemens, le duc fit valoir son autorité : il déclara à son neveu que jamais il n'obtiendrait son consentement pour ce mariage, et le prévint qu'il y mettrait obstacle. Il le menaça même d'obtenir du prince qu'il employât son intervention pour empêcher Adolphe de se mésallier.

Dans les premiers momens où il éprouvait une forte résistance, Adolphe se raidissait contre les obstacles, mais cette énergie était de peu de durée. L'indignation que lui causa la conduite d'un parent qu'il n'avait jamais appris à aimer, le porta à vouloir à l'instant même unir son sort à celui de Nancy. Il l'instruisit de la scène qui venait de se passer, et lui demanda des conseils sur la conduite qu'il devait tenir, dans le cas où elle consentirait à l'épouser sur-le-champ.

L'attachement de Nancy pour Adolphe était d'une nature singulière : il avait l'exaltation de l'amour, la douceur de la reconnaissance, et le désintéressement de l'amitié. Nancy se serait sacrifiée mille fois sans se plaindre, pour accroître le bonheur de son cousin; mais, habituée dès l'enfance, à la faiblesse de son caractère, accoutumée à être à la fois son guide, sa maîtresse et son amie, la jeune fille pensait, avec raison, qu'elle seule pouvait le rendre heureux. Cependant elle ne crut pas devoir accepter sa proposition. « Ma tendresse n'est point un secret, répondit-elle à Adolphe. Ce sentiment qui m'attache à vous pour la vie, fut approuvé de vos parens, et s'ils vivaient encore, peut-être me presseraient-ils de céder à vos vœux; mais, mon ami, nous devons à leur mémoire le tribut de nos regrets, et quelles que soient les persécutions dont nous sommes l'objet, nous donnerions une faible idée de notre respect pour eux, si nous imposions silence à notre douleur, pour ne nous occuper que de nous-mêmes. Qu'importe que notre mariage soit ou non retardé de quelques mois! Nos affections ne sont pas du nombre de celles qui varient au gré des circonstances : mon sort est irrévocablement lié au vôtre; mon existence entière vous appartient. Soyez assuré que le temps et l'absence sont sans pouvoir sur les sentimens que j'éprouve. »

Cette lettre, qui eût comblé les désirs d'un autre, produisit une impression fâcheuse sur l'esprit d'Adolphe. Ce n'est pas qu'il doutât un instant de l'attachement de sa cousine ; mais, en éloignant le moment où elle devait recevoir sa main, elle le livrait de nouveau aux continuelles obsessions du duc ; et cet état de guerre portait le découragement dans l'âme de Sénancourt.

M. de B.. .. s'était fait instruire de toutes les particularités qui avaient précédé et suivi l'adoption de Nancy par la famille de son neveu. Les renseignemens qu'il recueillit n'étaient point propres à le tranquilliser. Madame de Sénancourt avait légué une somme considérable à l'orpheline, et certes le duc se garda bien de chercher à attaquer cet article du testament ; mais il fit tous ses efforts pour rompre le mariage des petits parens. Convaincu, par tout ce qu'on lui rapportait du caractère de Nancy, qu'il n'y parviendrait pas en agissant ouvertement, il employa la ruse. Une de ses parentes éloignées, la princesse M....., devait partir pour l'Italie. Il fit proposer à Nancy de l'accompagner, lui laissant espérer qu'à son retour, et le temps de son deuil se trouvant alors écoulé, il ne mettrait pas d'obstacles à l'accomplissement de ses désirs. Élevée au milieu d'une famille honnête, qui regardait une promesse comme une chose sacrée, à laquelle il n'était pas permis de se soustraire sans se déshonorer, Nancy crut devoir compter sur la parole du duc : elle consentit à accompagner la princesse M..... à Turin, et en prenant congé d'Adolphe elle lui renouvela le serment de l'aimer toujours. La jeune fille promit d'écrire souvent : elle écrivit en effet, mais Adolphe ne reçut pas toutes ses lettres.

Débarrassé de l'ennemi le plus difficile à vaincre, M. de B..... fit jouer tous les ressorts pour triompher des résistances d'Adolphe : il ne se découragea point du mauvais succès de ses premières tentatives ; il savait, par sa propre expérience, que l'importunité est un des moyens les plus efficaces de réussite. Le duc alla jusqu'à confier ses projets à la princesse, qui, vaine de sa naissance et fière de son rang, partageait sa façon de penser, et s'engagea à le servir.

On commença par jeter de la défiance dans l'âme des jeunes gens. Ce moyen réussit auprès d'Adolphe ; il échoua complétement auprès de Nancy. On supprima quelques-unes des lettres trop tendres qu'ils s'écrivaient, et on laissa passer seulement celles qui n'offraient que des expressions vagues d'estime et d'amitié. La correspondance ainsi diminuée, devint froide et languisante. Adolphe n'osa s'en plaindre, et l'on eut grand soin d'intercepter les lettres de Nancy, qui contenaient des reproches à ce sujet. Persécuté par son oncle, obsédé par ses amis, le jeune Sénancourt abandonna son commerce, et se retira des affaires. Le duc mit à sa disposition une partie de son hôtel ; et, présageant que ce premier effort allait être suivi d'une entière soumission à ses vues, il entoura son neveu du prestige imposant du faste et de la grandeur. Quelle joie le duc ressentit, lorsque son neveu, fatigué, pour ainsi dire, de combattre sans cesse ses sollicitations, consentit à l'accompagner à la cour et dans le monde.

A quelques jours de là, le baron de V....., dont la noblesse est de quelques siècles plus vieille que celle du duc, lui fit proposer d'unir leur famille par un mariage. M. de B..... accepta avec transport. La complaisance de son neveu, dont il avait déjà eu quelques preuves, était, à son avis, un gage certain de sa docilité. Il en parla à Adolphe; il lui détailla les avantages immenses d'une alliance qui confondait ensemble les derniers rejetons de deux des plus illustres maisons du royaume. Un noble orgueil épanouissait son visage; mais l'immobilité de son neveu le surprit, et sa réponse l'attéra. J'aime ma cousine, dit Sénancourt; nulle femme au monde ne peut me donner le bonheur, que j'attends d'elle ! — Le bonheur! répliqua le duc en levant les épaules. — Oui, mon oncle, continua Adolphe; il est pour moi dans la possession de Nancy : je ne trahirai point les sermens que je lui ai faits..... — Des sermens!..... le bonheur!..... et c'est avec ces mots insignifians qu'on passe sa vie à végéter, à languir ! Je ne connais point mademoiselle Eulalie de V..... ; mais je sais que cette jeune personne a reçu une fort belle éducation ; qu'elle a été élevée très - sévèrement , et n'eût-elle qu'une partie des avantages physiques de mademoiselle Nancy , elle lui serait préférable à tous égards. Sa noblesse est une des plus anciennes de France , et , par ce mariage , tu allies la gloire des V..... à la célébrité des Sénancourt !... — Mon oncle , reprit Adolphe , j'ai donné ma parole , et dès que mon deuil sera expiré , j'épouserai Nancy. J'espère que vous ne me refuserez pas votre consentement pour un mariage qu'ont d'avance approuvé mes parens. — Mon consentement !... Moi !.... N'y comptez jamais , répondit le duc qui oubliait, en ce moment, qu'il s'était promis d'être calme : je n'autoriserai point une semblable mésalliance. — Permettez, monsieur le duc , que j'aie l'honneur de rappeler à votre souvenir que Nancy appartient déjà à notre famille ,..... qu'elle est parente de ce M. Durand , dont la délicate probité fut la source honorable de la fortune de mon père. Jeune , abandonné de tous les siens , il ne trouva d'appui que dans la famille de Nancy : ce seul motif serait assez puissant à mes yeux pour autoriser ce qu'à tort vous appelez une mésalliance.

— Mon cher Adolphe, reprit avec douceur le duc, il est impossible que ce parti soit irrévocable : je rends justice aux qualités, à la figure de ta petite cousine ; mais je pense qu'il suffit du sacrifice que ta mère a consigné en sa faveur dans son testament, pour t'acquitter envers elle des services que sa famille fut assez heureuse de pouvoir rendre à ton père, dans un temps où la proscription menaçait nos têtes. J'espère que tu réfléchiras à l'alliance que je t'offre, à l'éclat qu'elle jetterait sur nous ; et que tu ne voudras pas affliger, par ton refus, un vieil oncle qui t'aime, et qui n'a que peu de jours à vivre. — Mon oncle, permettez-moi de me retirer, répondit Adolphe en s'inclinant profondément, et il sortit sans ajouter une parole.

Pour un homme de son caractère, la position était embarrassante. Il était privé des conseils de Nancy, et jamais son appui ne lui aurait été plus utile. Il se hâta de lui écrire, pour lui apprendre ce qui venait d'avoir lieu ; mais sa lettre s'arrêta dans le secrétaire de son oncle : enfin, pour le pousser à bout, non-seulement on supprima presque toutes les lettres de Nancy, mais la princesse écrivit au duc que sa jeune compagne de voyage, objet des attentions de quelques seigneurs étrangers, recevait, avec un plaisir marqué, les hommages du comte de Zapany, et que, flattée d'avoir inspiré une passion violente à cet illustre Napolitain, elle n'était pas éloignée de partager sa tendresse en acceptant sa main.

Muni de cette lettre, qui avait été concertée d'avance, le duc revint à la charge : il discuta avec son neveu les chances de bonheur que présentait chacun des deux mariages ; puis, comme si cette pensée se fût présentée d'inspiration.... : Et qui t'assure, dit-il à Adolphe, que Nancy te soit restée fidèle ? Quelle preuve as-tu de la constance de ses sentimens ? Qui te garantit que l'éloignement ne l'a pas rendue moins sensible à ton amour ? Qui te répondra que son cœur n'ait pas formé de nouvelles chaînes ?.... — Mon oncle, répondit Adolphe en se levant, cessez de calomnier ma cousine ; je la défendrais seul contre les accusations de l'univers entier, et soudain il se retira. Le duc remit dans sa poche la lettre de la princesse, qu'il s'apprêtait à communiquer à son neveu :

il sentit que ce n'était pas encore le moment de porter les derniers coups.

Adolphe avait caché sa douleur sous l'apparence de l'indignation. Les doutes que le duc avait fait naître sur l'attachement de Nancy, ne s'étaient point encore offerts à son imagination ; mais la différence qui existait entre l'ancienne activité de la correspondance de sa cousine, et la rareté de ses lettres actuelles, entre l'abandon des unes, et la sécheresse des autres, l'affectait douloureusement. N'ayant personne à qui il pût confier ses soupçons, il renfermait ses craintes au fond de son âme ; elles y prenaient racine. Deux au trois jours après cet entretien, Adolphe trouva sur son passage un papier entr'ouvert. Peut-être n'y eût-il fait aucune attention, si la vue de son nom ne l'eût frappé. Il ramassa, en tremblant, cette lettre... C'était celle de la princesse. Il la parcourt, il la lit, la relit sans changer de place.... Une sueur froide coule de tous ses membres ! Trop franc pour apercevoir dans ce hasard un piége de son oncle, Adolphe s'abandonne au chagrin, au désespoir, avec toute la faiblesse dont il est capable. Sa tristesse réjouit le duc, qui s'aperçoit que la missive a produit l'effet qu'il en attendait. Il ne veut point en parler à son neveu, dans la crainte de se trahir ; mais il a recours à un expédient qui lui paraît merveilleux : il sollicite une seconde lettre de la princesse, qui ne laisse plus d'espérance au jeune Sénancourt.

Par un motif de délicatesse, auquel se mêlait un peu d'amour-propre, Adolphe cherchait à dérober son chagrin aux regards inquisiteurs de son oncle ; il croyait échapper à sa pénétration, en consentant à l'accompagner dans le monde ; mais il y a des visages qui ne mentent point, quelqu'effort qu'on fasse pour les y contraindre, et celui d'Adolphe portait, malgré lui, l'empreinte d'une mélancolie profonde. La marquise de Roussy fut une des premières qui en fit la remarque : elle prit le duc à l'écart, et l'engagea, avec intérêt, à surveiller les actions de son neveu. Tout en lui, disait la marquise, annonce une âme ulcérée. Si je ne me trompe, votre neveu n'a pas reçu de la nature un de ces caractères hardis qui triomphent du malheur par la résistance, ou une de ces âmes pieuses qui ont le courage de la résignation. Je redoute sa faiblesse ; elle peut le porter aux dernières extrémités. Quand on ne sait pas combattre ou supporter sa destinée, on cherche quelquefois à s'en affranchir. Le duc reçut cet avertissement comme une plaisanterie : il convint, avec la marquise, qu'Adolphe éprouvait, dans le moment, une contrariété ; mais, ajouta-t-il, quelle trace profonde peut laisser une amourette trahie ? — Monsieur le duc, il y a des caractères qui ne plaisantent pas avec l'amour ! — Pardon, marquise ; mais je ne saurais croire que dans ce siècle, où l'on a secoué toute espèce de préjugés, où l'on traite en riant les choses les plus sérieuses... — Monsieur le duc, tout le monde n'est pas obligé d'être de son siècle. — Adolphe a dix-huit ans, et ce n'est pas ordinairement l'époque des longues amours ! — Les passions n'ont pas d'âge, monsieur, et c'est souvent parce que la jeunesse croit l'amour éternel, qu'elle succombe à la douleur d'une infidélité. — Je vous remercie beaucoup, madame la marquise, de l'intérêt que vous voulez bien prendre à mon petit neveu ; mais je suis loin de partager vos craintes : Sénancourt est trop raisonnable pour céder à un chagrin aussi léger. Ce n'est pas au printemps de la vie qu'on la dédaigne ; ce n'est pas lorsqu'une carrière brillante s'ouvre devant lui, qu'un jeune homme y renonce volontairement!.. Mourir d'amour!... Mais, madame la marquise, moi qui vous parle, j'ai été disgracié sous le ministère de M. de Brienne.... ; et, certes, si jamais il eût été excusable de faire une folie...., c'était bien dans ce moment-là.... Mais je m'en donnai bien de garde ! Si j'ai triomphé d'un pareil événement, mon neveu ne se laissera point abattre par un de ces petits désagrémens si communs dans la vie !.... La marquise secoua la tête en signe d'incrédulité, et prit congé de M. de B.... En passant devant Adolphe, elle s'arrêta, et le considéra long-temps avec un sentiment de tristesse et d'affection.

Le duc était allé raconter une partie de sa conversation avec madame de Roussy. Tout le monde fut d'accord pour déclarer que la marquise n'entendait plus rien aux chagrins de la jeunesse ; et la plupart des personnes présentes au récit de M. de B.... offrirent de parier que le chagrin éternel de M. de Sénancourt ne passerait pas la quinzaine.

La seconde lettre de la princesse arriva : elle annonçait que mademoiselle Nancy, éblouie par les avantages que lui offrait le comte de Zapany, avait consenti à lui donner la main ; que le mariage devait être célébré dans les terres du comte, qui venait de partir pour Naples, afin de demander l'agrément de son souverain. Le duc, composant sa figure, remit la lettre à son neveu, en l'engageant à profiter de cette leçon. Adolphe reconnut l'écriture ; et même avant que de déployer le papier, il regarda son malheur comme certain : et comment aurait-il pu en douter? Il ne recevait plus de nouvelles de Nancy, et la princesse n'avait aucun intérêt à le tromper!....

Le soir, Adolphe rendit à son oncle la lettre de son altesse, et ne parut pas plus affecté que les jours précédens. Excellente affaire, disait M. de B.... Une fois marié, mon neveu nous pardonnera d'avoir usé d'un peu de supercherie, et la petite Nancy, protégée par la princesse, par moi-même, sera trop heureuse d'épouser quelqu'honnête gentilhomme, dont sa dot relèvera le manoir. Le duc se complaisait dans cette idée ; il se félicitait de l'adresse avec laquelle il avait tout dirigé pour parvenir à perpétuer dignement la famille Sénancourt.

M. de B..... rencontra dans le monde la marquise de Roussy, et ne manqua pas de la railler spirituellement sur ses sinistres observations. La conduite d'Adolphe semblait justifier les espérances du duc. Ce jeune homme n'avait laissé échapper aucune plainte : le nom de sa cousine ne sortait plus de sa bouche, et l'on eût dit que le passé avait cessé d'exister pour lui ; il cédait sans murmurer à tous les désirs de son oncle, et lorsque celui-ci, dans une réunion dont son neveu faisait partie, témoigna le plaisir qu'il éprouverait à le voir s'allier à la famille de V....., le jeune homme ne repoussa plus cette pensée avec effroi. Le silence qu'il garda en cette occasion pouvait même s'interpréter d'une manière favorable aux desseins du duc de B..... : aussi chercha-t-on tous les moyens de renouer le mariage, dont la conclusion avait été suspendue.

Mais, tandis que la conduite d'Adolphe inspirait à son oncle une dangereuse sécurité, le jeune homme succombait au chagrin dont il était accablé. Déjà son imagination, effrayée des efforts qu'il lui fallait faire pour lutter contre sa destinée, se reposait avec une espèce de satisfaction sur la facilité d'abréger ses souffrances : la vie cessait d'avoir pour lui aucun attrait, et la crainte d'être obligé de la supporter le décida à en rapprocher le terme. Le silence de sa cousine était une preuve irrécusable de sa perfidie. Adolphe ne tenait à l'existence que par elle et pour elle. Étranger dans sa propre famille, il ne trouvait pas un cœur qui répondît au sien. On lui parlait de grandeurs, d'ambition, de places, de dignités pour arriver au bonheur ; et Sénancourt était bien résolu à ne pas prendre un pareil chemin pour y arriver.

Quelques jours se sont écoulés et n'ont rien changé à la situation respective de l'oncle et du neveu. Le duc a recommandé à son valet d chambre de surveiller plus que jamais la cor respondance d'Adolphe et de Nancy. Un jour comme il allait partir pour une soirée brillant chez la comtesse de Remilly, Lafleur lui ap porte une lettre que son jeune maître l'avai chargé de mettre à la poste..... Fort bien ! di M. de B....., se sont les reproches d'un aman outragé, ou le congé dédaigneux d'un homm qui se croit en droit de mépriser celle qui l'a trahi. C'est à merveille ; je lirai cela à mon retour, et le duc monte en voiture pour se rendre chez la comtesse.

Jamais assemblée n'avait été aussi nombreuse, et ne lui avait paru plus aimable : on le félicite sur le retour de son neveu à la raison, et c'est à qui lui offrira son crédit pour aider le sien. Le duc ne sait auquel entendre. Le maréchal de..... le prie de lui donner Adolphe pour aide de camp ; l'ambassadeur serait enchanté de l'avoir pour secrétaire : tous flattent à l'envi la passion de M. de B. ., qui se retire enchanté de sa soirée, et dont la nuit s'écoule dans les rêves de l'ambition.

Le lendemain, il se ressouvint de la lettre d'Adolphe à sa cousine, et la demanda à Lafleur. On la lui remet ; il l'ouvre avec l'indifférence d'un homme qui a déjà deviné ce qu'il va lire..... Mais que devient-il, lorsqu'après avoir parcouru quelques lignes, il apprend que son neveu a formé le projet d'attenter à ses jours ! A l'instant même, il sonne de toutes ses forces, appelle ses gens, et, dans le désordre inséparable d'un premier moment, il leur ordonne de monter à la chambre d'Adolphe. Ils y courent, frappent, frappent encore; personne ne répond..... Soutenu par Lafleur, le duc arrive, et voit ses domestiques consternés, obligés de recourir à la force pour ouvrir l'appartement de son neveu..... Enfin ils en viennent à bout..... La porte cède à leurs coups redoublés..... Mais chacun d'eux s'arrête sur le seuil, et n'ose le franchir... Pressé par un sentiment douloureux, le duc les écarte de sa main tremblante; il s'avance, se précipite dans la chambre d'Adolphe, entr'ouvre les rideaux du lit....., et reste anéanti devant le cadavre de son neveu.

Au cri que le duc a jeté, tous les domestiques sont accourus : ils arrachent l'infortuné vieillard à ce spectacle de douleur. On visite la chambre de Sénancourt. Un verre resté sur la table indique le genre de mort qu'il a choisi. Une lettre de quelques lignes adressée à son oncle est restée décachetée sur son secrétaire; un bouquet de fleurs fanées, et un portrait de femme, sont placés sur le lit à ses côtés : on remarque dans un des coins de la chambre un petit monceau de cendres, et quelques morceaux de papier à demi brûlés : ce sont les lettres de Nancy, dont Adolphe n'a point voulu livrer le secret à la curiosité des indifférens, ou à la malignité des envieux. Un testament, dans lequel il donne tout ce qu'il possède à celle dont il se croit trahi, est ployé sur sa table de nuit ; il atteste que Nancy, malgré les torts qu'Adolphe lui supposait, eut encore sa dernière pensée.

En rentrant chez lui, le duc se jeta sur son fauteuil. Sa douleur était poignante : il tenait encore à la main la lettre fatale dans laquelle son neveu annonçait à sa jeune cousine qu'il ne pouvait survivre à sa perte. Cette lettre était un monument élevé à la cruauté de M. de B.... Comme il était puni de son orgueilleuse insensibilité ! comme cet avenir de gloire s'écroulait à la voix du malheur ! Ce neveu, l'espoir de sa vieillesse, cet enfant qui devait perpétuer la race des Sénancourt, ce jeune seigneur arraché à un bonheur obscur, pour être porté aux plus brillantes destinées, s'est soustrait par la mort à l'illustre esclavage qui l'attendait..... Le duc est retombé seul sur la terre ! Que dis-je, seul ? il serait trop heureux s'il en était ainsi ; mais le remords ne le quitte plus.

Hélas ! il n'a pas encore épuisé la coupe du malheur. La jeune fille dont il a calomnié la tendresse, Nancy n'a pu résister à l'inquiétude que lui causait le silence d'Adolphe ; elle a secrètement quitté la princesse, et pris la route de Paris. Arrivée de la veille, elle n'a pas osé se présenter à l'hôtel de son cousin avant de le prévenir ; elle lui écrit une lettre que le malheureux ne reçoit point, attendu que le suisse, qui ne l'a pas vu de la soirée, s'imagine que M. de Sénancourt est sorti, et retient la lettre pour la lui donner lorsqu'il rentrera. Ne le voyant pas rentrer, il a pensé que, retenu par quelque fête, son jeune maître passe la nuit dehors..... Singulier effet du hasard ! Si Adolphe eût pu jeter les yeux sur ces caractères chéris, il vivrait encore, et le bonheur aurait été son partage.

Nancy renvoie le lendemain chercher la réponse à son billet.... Le suisse, qui a reconnu le messager, lui remet tristement sa lettre, et, les yeux rouges de larmes, il lui raconte l'accident qui plonge l'hôtel dans le deuil et la désolation. A cette nouvelle, le désespoir s'empare de Nancy ; elle accourt chez le duc. La confusion qui y règne ne permet pas de s'opposer à son passage. Guidée par la douleur de ceux qu'elle rencontre, elle traverse une longue file d'appartemens, et se présente devant M. de B....., au moment où le malheureux vieillard achevait de relire, pour la dixième fois peut-être, les adieux de son neveu..... L'aspect de Nancy le glace de terreur et d'effroi ; il s'imagine être dupe d'une illusion, ou plutôt il pense que le ciel, pour le punir, a permis l'apparition de cette ombre vengeresse.. Grâce ! grâce ! dit-il d'une voix étouffée..... Nancy le quitte en jetant sur lui un regard qui peignait toute l'agitation de son âme, et cette fois elle arrive dans la chambre où gisait son infortuné cousin.

Nancy ne verse pas une larme : son chagrin est muet, mais il est terrible... Elle presse sur ses lèvres pâles et tremblantes la main froide d'Adolphe, et se glisse à genoux auprès de son lit, les yeux fixés sur celui qui dut être le compagnon de toute sa vie ; elle prie pour son salut, car, à ses pensées de tristesse il s'en joignait une qui effaçait toutes les autres, et rendait sa douleur éternelle. En disposant de sa vie, Adolphe avait commis un grand crime,..... et Nancy n'osait espérer en la clémence divine !

Pendant toute la journée, la jeune fille resta en prières auprès du lit où reposait le cadavre de son cousin ; elle ne fut distraite par aucun sentiment. Le soir, elle se retira chez elle sans avoir revu le duc. Le lendemain, elle accompagna, à pied, le convoi d'Adolphe. Le soir, elle fit remettre à M. de B..... une renonciation entière à tous les biens qui lui avaient été donnés par la famille Sénancourt. Sa lettre ne contenait aucune expression qui dût blesser l'oncle d'Adolphe ; mais le duc ne put la lire sans verser un torrent de larmes. Depuis, il ne cesse de parler avec le plus profond respect de la conduite généreuse et désintéressée de mademoiselle Nancy.

La jeune fille avait mis toutes ses espérances de bonheur dans la mort : le ciel exauça ses vœux ! On la trouva étendue sur la tombe de son cousin, au cimetière du Père la Chaise, le 17 avril 1820..... Le duc, plus isolé que jamais, puni dans son orgueil par le trépas de celui qui devait perpétuer le nom de ses ancêtres, est condamné par la nature à vivre encore long-temps.

FIN DU QUATRIÈME VOLUME.